Die Strategie der friedlichen Umwälzung

*

Christoph Pfluger: Die Strategie der friedlichen Umwälzung –
eine Antwort auf die Machtfrage
Nr. 1 der Buchreihe «Brennende Bärte»
10/2019
ISBN: 978-3-9523955-9-2
Satz und Umschaggestaltung: Zeitpunkt, Solothurn
Korrektorat: Manu Gehriger
Produktion: FontFront, DE-64380 Roßdorf
Printed by Finidr, CZ-Ceský Tešín, Tschechien
Verlag: edition Zeitpunkt, Werkhofstr. 19, CH-4500 Solothurn
edition.zeitpunkt.ch
© 2019 edition Zeitpunkt
Diese Publikation ist Teil des Zeitpunkt-Abonnements
(www.zeitpunkt.ch)

Christoph Pfluger

Die Strategie der friedlichen Umwälzung

Eine Antwort auf die Machtfrage

Inhalt

Lasst die Bärte brennen

Liebe Leserinnen und Leser

Als Jungrentner sind wir in der beneidenswerten Lage – für die wir nichts können –, über ein bisschen Erfahrung zu verfügen und auch über die Freiheit, nach ihr zu leben. Die Milde des Alters haben wir freilich noch nicht erreicht. Im Gegenteil: Wir sind ungeduldig. Wir möchten das große Gute, das auf dem Planeten Erde möglich ist, noch erleben.

Nun wissen wir als Journalisten und Autoren mit einigen Jahrzehnten Berufserfahrung auch, dass es mit der Wahrnehmung von Tatsachen nicht besonders gut bestellt ist. Es wird so vieles gefaked und verschwiegen, dass man auswandern möchte. Nur: wohin? Dabei wäre alles da. Man weiß im Grunde fast alles, um die Erde zu einem Paradies zu machen. Und wir könnten es auch, wenn wir nur dürften.

Wir wollen uns aber nicht über die Menschen beklagen, die das alles scheinbar nicht wissen wollen und lieber herumklicken. Auch Medienschelte liegt uns fern (weil wir sie lange genug betrieben haben). Wir schalten lieber einen Gang höher und lancieren mit dem vorliegenden Titel die Buchreihe «Brennende Bärte». Namensgeber ist Georg Christoph Lichtenberg mit seinem Zitat «Es ist fast unmöglich, die Fackel der Wahrheit durch ein Gedränge zu tragen, ohne jemandem den Bart zu versengen.»

Wir glauben an die revolutionäre Kraft der Wahrheit und wir sind überzeugt, dass die Welt nur noch kann, wenn sie die Regeln des Geldes und des Besitzes von Grund auf erneuert. Ohne Umwälzung wird uns die Walze der Macht und der Technologie plattmachen.

Wir glauben auch an das Buch oder vielmehr: an die Leserinnen und Leser von Büchern. Nur Bücher schaffen es, das große Bild zu malen, in das wir den ganzen Konfetti-Content, der uns täglich um die Ohren fliegt, sinnvoll einordnen können. Nur so kann eine eigene Wahrheit entstehen. Und erst die macht uns handlungsfähig. Zudem schützt sie den eigenen Bart – wenn man denn einen hat.

Wir danken Ihnen, dass Sie die Fackel mittragen.

Christoph Pfluger und Mathias Bröckers, Herausgeber

PS: Man kann die «Brennenden Bärte» auch abonnieren. Sie erhalten dann vierteljährlich eine Fackel, die nicht nur ihre Gedankenstube erwärmt, sondern die Sie auch in die Menge hinaustragen können. Bestellung mit Zusatzinhalt zum freien Preis: www.zeitpunkt.ch

Für wen dieses Buch gedacht ist

Liebe Leserin, lieber Leser

Ein klarer Blick und ein kühler Kopf sind manchmal lebenswichtig. Jetzt ist ein solcher Moment. Die Welt ist ein Pulverfass, und Leute auf der Kommandobrücke spielen mit der Zündschnur: die Waffen sind entsichert, das Finanzgebäude wackelt, die Arten sterben und der Mensch ist verwirrt, abgelenkt oder erschöpft.

Die einen haben zu viel, die andern zu wenig. Dauernd herrscht Krieg, um Marktanteile, gegen Fake und um Wahrheit, gegen Terror und Schurkenstaaten und vor allem gegen die Natur.

In dieser bizarren Welt leben zwei Arten von Menschen. Die Einen spüren zwar ihre Mängel, hoffen aber, dass mehr vom selben die Dinge schon wieder rund machen werde – mehr Geld, mehr Technologie, mehr Reformen und Regeln. Sie wollen nicht wirklich etwas ändern – sich selbst zuletzt – und klammern sich an die Experten, die Versprechen der Politik und die paar guten Nachrichten, die es trotz allem noch gibt. Schließlich sind über 95 Prozent der Menschen mehr oder weniger fleißig damit beschäftigt, die Welt zu einem besseren Ort zu machen. Wenn Sie zu diesem Typus gehören, können Sie das Buch jetzt weglegen und sich ablenken, bis die Realität Sie einholt. Es ist keine Schande, erst durch Schaden klug werden zu wollen, aber gefährlich.

Die anderen sehen, dass die notwendigen Reformen entweder verhindert oder verwässert werden, dass die Regeln nicht für alle gelten, die Technologie neue und größere Probleme schafft und das Geld immer bei denen landet, die ohnehin schon reichlich haben. Sie spüren, dass es so nicht mehr weitergeht, wenn es so weitergeht, wie es Erich Kästner in freundlicher Brutalität gesagt hat.

Dieses Buch ist für diese zweite Art, für die Menschen, die spüren, dass etwas faul ist im Staat und die Zeit knapp wird. Es ist für Menschen, die ahnen, dass nur grundlegende Änderungen die Welt zu einem Ort machen, wo alle einen Platz und eine Zukunft haben, nicht nur die Stärkeren, Schnelleren und jene, die es auf die richtige

Seite des Schicksals geschlagen hat. Dieses Buch ist für Menschen, die spüren, dass die Zeit des Handelns naht, wie ein Termin für eine Operation, der unerbittlich näher rückt. Es mag ein schwerer Moment sein – aber er auch befreiend, weil es keinen Ausweg mehr gibt, keine Ausrede, keine Alternative. Wenn wir leben wollen, müssen wir uns fügen.

Zwang ist auch Freiheit – eines der paradoxen Rätsel des Lebens. Nur wer die Zwänge erkennt und annimmt, kann sich von ihnen befreien.

Hinter der Furcht vor dem großen Wandel steckt die Urangst des Menschen: Mangel. Seit Beginn der Sesshaftigkeit ist die Verwaltung des Mangels die vorherrschende zivilisatorische Aufgabe. Sie hat zu Regeln des Besitzes, des Austauschs und der Hierarchie geführt. Aber diese Regeln haben den Mangel nicht beseitigt, sondern verzerrt und verfestigt. Die Geschichte der Menschheit ist eine unablässige Folge der Umverteilung von den Arbeitenden zu den Besitzenden, bis das soziale Gewebe durch Krieg, Staatsversagen oder Revolution blutig zerrissen wurde und das Spiel mit Menschen von Neuem beginnen konnte, die entweder die Geschichte nicht kannten oder nicht aus ihr lernen wollten.

Diese Angst vor dem Mangel bestimmt noch immer unser Leben, obwohl wir in einer nie dagewesenen Fülle leben. Seit 1890 hat sich die Produktivität in den westlichen Staaten in etwa verzehnfacht[1]. Die Weltbevölkerung wuchs in dieser Zeit aber nur halb so schnell, von 1,5 auf 7,5 Mrd. Trotz dieses Fortschritts hat sich der Mangel auch in den reichen Ländern ausgebreitet. An vielen Orten treibt er die Menschen auf die Flucht. In Afrika will ungefähr ein Drittel der Bevölkerung ihre Heimat verlassen.[2]

Der Mangel und sein Gegenstück, der Überfluss, sind Programm. Sie sind in den Jahrtausenden Teil der zivilisatorischen DNA geworden, der wir gehorchen, ohne sie zu erkennen. Die meisten Menschen

---

1   Bergeaud, A., Cette, G. and Lecat, R. (2016): „Productivity Trends in Advanced Countries between 1890 and 2012," Review of Income and Wealth, vol. 62(3), pages 420–444. www.longtermproductivity.com

2   Many Nigerians, Tunisians and Kenyans say they plan to leave their countries in the next five years. 27.3.19. www.pewresearch.org/fact-tank/2019/03/27/many-nigerians-tunisians-and-kenyans-say-they-plan-to-leave-their-countries-in-the-next-five-years/

halten das gleichzeitige Nebeneinander von groteskem Überfluss und bitterer Not vielleicht nicht gerade für normal, aber für unabänderlich. Das ist die Gerechtigkeit der vom Menschen geschaffenen Welt!

Die Natur kennt kein solches Mangelbewusstsein. Die Tiere horten mit wenigen Ausnahmen nicht, und schon gar nicht über ihren Bedarf. Eine Antilope kann gemütlich an einem satten Löwen vorbeispazieren. Er wird sie erst als Beute wahrnehmen, wenn er hungrig ist.

Der Mensch dagegen hat sich einem Recht unterworfen, das die Aneignung von Ressourcen und Überschüssen über jeden Bedarf hinaus legitimiert. Unser Recht stellt den Eigennutz über alles, macht uns damit zu Eigennützigen und verwickelt uns ständig in Konflikte des Mangels – inmitten von Überfluss.

Ein kollektiver Defekt mit Konsequenzen im individuellen Verhalten ist auch das widernatürliche Recht auf Besitz von Dingen, die der Mensch nicht herstellen, sondern nur usurpieren kann – den Boden und seine Schätze, Wasser, Luft, Kreatur und die Geschenke der Natur. Dem Eroberer gehört die Welt, die anderen sollen schauen, wie sie mit ihm klar kommen.

Es ist, wie wir sehen werden, das perfide Recht des monetären Austauschs, das die Reichen reicher und die Armen ärmer macht. Die Regeln der Geldschöpfung – Geld ist nicht Wert oder Guthaben, sondern Kredit – diese Regeln erzwingen eine fortlaufende Verschuldung der Welt. Der globale Schuldenmonitor des Institute for International Finance liegt bei 244 Billionen Dollar (Ende 2018)[3]. Die Menge an gesetzlichen Zahlungsmitteln und Bankguthaben beträgt 36,8 Billionen (2017)[4]. Niemand weiß, wie diese Schulden je getilgt werden sollen. Lieber richtet man sich darauf ein, ewig Zins zu bezahlen. Ein solches System ist nur mit Zwang zu erhalten, wie er sich in den letzten Jahrzehnten immer deutlicher manifestiert. Manche Länder sind wie Zitronen, die ausgepresst werden, bis Blut fließt.

3   www.iif.com/Research/Capital-Flows-and-Debt/Global-Debt-Monitor
4   www.visualcapitalist.com/worlds-money-markets-one-visualization-2017/

Das Diktat dieser Regeln hat die Welt zu einem Ort gemacht, in dem der Mensch nur noch im Kampf überleben kann, einem Kampf, der ihn und die Erde zerstören wird. Es ist ein Kampf gegeneinander und gegen die Natur, dessen volle Härte Sie, liebe Leserinnen und Leser allein deshalb nicht am eigenen Leib erfahren, weil Sie das Glück der Geburt an einem freundlichen Ort und in einer Zeit ohne großen Krieg abgesetzt hat. Aber das Gewitter kündigt sich an, der Donner ist bereits zu hören.

Viele hoffen nun, dass es gelingt, den Menschen zu zähmen und ihn schließlich zu einem umweltfreundlichen, zahlungswilligen Wesen zu machen. Ohne Zwang wird dies nicht gehen, und es wird auch nicht gelingen. Denn das Problem ist nicht der egoistische Mensch – der übrigens von der Evolution auf Kooperation programmiert wurde – sondern die kollektive Ordnung, die uns in den Egoismus zwingt.

Ich bin überzeugt: Es gibt eine Lösung für dieses monströse existenzielle Problem. Aber man darf es nicht zerstückeln, sondern muss es als Ganzes erkennen. Man muss aufhören, über Ganzheitlichkeit zu reden, aber Kleines zu tun.

Wenn uns die Welt lieb und teuer ist, sollten wir den Verstand einschalten und die Macht erkennen, die das verhindert, was wir fast alle wollen: Friede, Freiheit und Eintracht mit der Schöpfung. Und dann sollten wir uns daran machen, die Macht zu entmachten und selbst erste Schritte zu tun. Dazu will dieses Buch anregen. Weil aller Anfang schwer ist, beginnen wir mit einem kleinen Spaziergang.

Teil eins: Vorbereitung

Der Spaziergang
zur blauen Kugel

Zwei Wesen spazieren durch das All, ein älteres und ein jüngeres. Man könnte, wenn es dem Bild hilft, die beiden als Aliens bezeichnen. Aber im Grunde ist das bereits zu konkret.

Diese beiden Wesen betrachten Sonnen, wundern sich über Pulsare, weichen schwarzen Löchern aus und rätseln, was auf den vielen Himmelskörpern wohl so läuft. Unvermittelt stoßen sie auf einen wunderbaren blauen Planeten, der freundlich zu ihnen herüberschimmert.

«Da gehen wir hin!» ruft das Jüngere.

«Das ist die Erde», erklärt das Ältere. «Da möchtest du nicht hingehen.»

«Warum nicht? Sie ist so schön.»

«Ja, sie ist wunderbar. Aber sie hat Menschen.»

«Sind Menschen gefährlich?»

«Nein, nicht wirklich, aber sie spielen ein gefährliches Spiel.»

«Ein Spiel kann doch nicht gefährlich sein.»

«Doch, wenn es alle ernst meinen und ihr halbes Leben dafür opfern.»

«Womit spielen sie denn?»

«Mit farbigen Zetteln.»

«Ein gefährliches Spiel mit bunten Papierchen! Das kann doch nicht dein Ernst sein.»

«Aber so ist es. Auf den farbigen Zetteln gibt es Zahlen, Bilder von toten Menschen oder alten Gebäuden. Alle wollen sie. Und es hat nie genug davon.»

«Und wozu benutzen sie denn diese Zettel?»

«Wenn jemand etwas braucht, ein Stück Land, um Lebensmittel anzupflanzen zum Beispiel, dann muss er Zettel hergeben.»

«Und wer vorher auf dem Land war, woher hat er es?»

«Auch er hat es mit Zetteln erworben.»

«Und der allererste?»

«Der hat vermutlich gesagt ‹es gehört mir› und sich das Stück Land einfach genommen.»

«Verrückt. Das ist ja Diebstahl.»

«So ist es. Aber die Erde hat sich nicht gewehrt»

«Und wie hat es mit diesen Zetteln angefangen?»

«Angefangen hat das Spiel mit einem gelben Metall, das man in Flüssen und Bergen gefunden hat ...»

«... und das man, wie das Land, einfach zum Eigentum erklärt hat!»

«Ja. Und diese Metallstücke wurden gegen Dinge getauscht, die man brauchte: Land, Werkzeug, Tiere.»

«Auch Tiere?»

«Ja. Heute gehören fast alle großen Tiere auf der Erde nicht mehr sich selbst, sondern den Menschen. Rinder, Schweine, Schafe. Den anderen großen Tieren vergeht die Lust am Leben auf der Erde so gründlich, dass sie einfach wegsterben.»

«Wir müssten sie retten und an einen sicheren Ort bringen.»

«Du weißt doch, dass das nicht geht. Der freie Wille der Menschen ist unantastbar. Wir dürfen nicht Gott spielen.»

«Aber Engel.»

«Keine Witze! Die Lage ist ernst dort drüben auf der blauen Kugel. – Lange Zeit konnten die Menschen nicht nur Tiere besitzen, sondern auch Menschen.»

«Wenn ein Mensch einen anderen besitzen wollte, gab er ihm ein bisschen gelbes Metall, und dieser verkaufte sich selbst?»

«Nein, nein. Das ging wie beim Land. Ein Mensch nahm einen anderen gefangen, gab ihn dann weiter und erhielt dafür Metallstücke. Mit diesen konnte er Waffen kaufen, Schergen anheuern und gleich mehrere Menschen gefangen nehmen und noch mehr Metallstücke dafür kassieren. Das ist nun seit Kurzem verboten. Die Menschen, die man früher gefangen nahm und verkaufte, verkaufen sich jetzt selbst. Aber weil es so viele Menschen gibt und so wenig Zettel, erhalten sie kaum genügend zum Leben. Es geht ihnen wie den wilden Tieren: Sie verlieren die Lust am Leben.»

«Verrückt, dieses Spiel. Wie ist es denn zu den Zetteln gekommen?»

«Die Menschen mit vielen Metallstücken hatten Angst, dass es ihnen von denen gestohlen werden könnte, die weniger hatten ...»

«... weil diese nicht als erste auf dem Land waren.»

«Ja, so war es wohl. Auf alle Fälle fürchteten sich die Metallreichen vor Diebstahl und brachten ihre Stücke den Leuten mit den tiefsten Kellern, den sichersten Schränken und den dunkelsten Wachmännern. Als Bestätigung erhielten sie einen Zettel mit einer Zahl und einer Unterschrift. Die anderen Menschen wussten, dass sie für diese Zettel Metallstücke bekommen konnten und nahmen sie als Zahlung an. Die Metallstücke brauchte es gar nicht mehr.»

«Pech für die Kellerleute!»

«Keineswegs. Die merkten nämlich, dass nur wenige Zettel gleichzeitig gegen Metallstücke eingewechselt werden mussten. Und so gaben sie mehr Zettel heraus, als sie Metallstücke in Wahrung hatten. Und selbstverständlich verlangten sie ein paar Metallstücke extra für diese leeren Zettel. Eine gute Lüge braucht ihren Lohn.»

«Verstehe. Die Kellerleute gaben 1000 Zettel aus, verlangten aber 1100 zurück, sodass nie genug da waren. So entstand immer mehr Bedarf nach weiteren Zetteln, für die man aber noch mehr bezahlen musste, sodass es noch mehr leere Zettel brauchte und so weiter.»

«Ja, so ging das weiter, bis der Kampf um die Zettel so heftig wurde, dass die Menschen einander töteten und das Spiel mit neuen Menschen begann, die noch keine Ahnung hatten, dass die Zettel leer waren. Manchmal ging die Zettelwirtschaft auch dadurch zu Ende, dass jemand merkte, dass die Kellerleute gar nicht genügend Metallstücke hatten und die Zettel wertlos wurden. Dabei verloren die Menschen aber nicht nur ihre Zettel, sondern oft auch ihr Haus und manchmal sogar sich selbst.»

«Und die Kellerleute? Wurden sie bestraft?»

«Nein. Die hatten eine neue Idee. Sie taten sich mit dem König zusammen. Der König gestattete ihnen, Zettel mit seiner Unterschrift herauszugeben. Seinen Untertanen erlaubte er, die Steuern mit den Zetteln der Kellerleute zu bezahlen anstatt mit von ihm herausgegebenen Metallstücken. Dafür erhielt er selbst die Zettel zu Vorzugsbedingungen und in einer Menge, die er mit den Metallstücken nie erreicht hätte. Mit den vielen Zetteln konnte er Kriege führen, Ländereien erobern und Metallstücke rauben, um an seine wachsenden Zettelschulden zu zahlen. Und die Kellerleute kamen aus ihren Löchern und bauten sich prachtvolle Tempel, damit alle meinten, dass man an Zettel glauben musste, wenn man die Gunst der Götter erfahren wollte.»

«Die Menschen auf der Erde glauben an Götter?»

«Ja. Aber das würden die meisten nicht zugeben. Die einen glauben an den einen, die anderen an den anderen Gott und alle meinen, der Ihre sei der Einzige. Aber von hier aus betrachtet, glauben sie an viele Götter.»

«Und der Zettelgott der Kellerleute?»

«Das ist der einzige Gott, an den alle glauben. Und weil sie es nicht merken, ist der Glaube so stark.»

«Niemand weiß, dass der Zettelgott hohl ist?»

«Doch doch. Aber wer ihn infrage stellt, lebt gefährlich. Er wird als Dummkopf dargestellt und ausgelacht. Wenn das nichts nützt, wird er bekämpft und muss schließlich um sein Leben fürchten.»

«Wenn der Mangel an Zetteln so groß ist, warum druckt man nicht einfach mehr davon.»

«Man druckt so viele, dass die Zettelwirtschaft den Menschen über den Kopf wächst. Deshalb haben sie die Zettel mit den Zahlen durch reine Zahlen ersetzt, die man gar nicht mehr zu drucken braucht. Sie werden einfach in Maschinen gespeichert. Wer an eine Maschine angeschlossen ist, kann die Zahlen hin- und herschieben.»

«Genial. Dann hat es jetzt endlich genug Zahlen.»

«Leider nicht.»

«Warum nicht?

«Weil man die Zahlen nicht einfach so in die Maschinen hineinschreiben kann. Da gelten strenge Regeln, die fast nur die Kellerleute in ihren Tempeln verstehen.»

«Und die wären?»

«Die habe ich dir doch schon erklärt. Du bist ja fast schon ein Mensch, der einfach nicht verstehen will, wie der Zahlentrick funktioniert. Ich sollte dich auf die Erde schicken, damit du durch Schaden klug werden kannst. Wenn der Schaden nur nicht so groß wäre, dass du auch das Denken verlernst!»

«Dann erkläre es mir noch einmal. Ich passe auf.»

«Die Zahlen kriegt nur, wer sich verpflichtet, größere Zahlen zurückzuzahlen. Deshalb geben sie die Kellerleute in ihren Tempeln nur an die, die schon genügend haben. Diese Zahlenmenschen gehen dann mit ihren neuen Zahlen in die Welt hinaus und kaufen sich Dinge, mit denen man noch mehr Zahlen erwerben kann. Oder sie verleihen sie an Zahlenlose, die hoffen, es ihnen gleich zu tun und endlich ihren Zahlenmangel überwinden zu können. Einige schaffen es und können sich selber Tempel bauen. Aber den meisten gelingt es nicht, denn es hat ja nie genug Zahlen, da man den Kellerleuten immer mehr zurückzahlen muss, als sie herausgegeben haben. Anstatt in großen Tempeln wohnen die Zahlenarmen dann in kleinen Tempelchen mit einem Gärtchen, die meisten aber in Käfigen, viele in Hütten und Zelten oder sogar unter Brücken. Und alle versuchen unentwegt, zu Zahlen zu kommen. Sie verkaufen, was sie haben, ihre Lebenszeit, ihre Ideen, ihre Gesundheit, manchmal sogar ihre Kinder. Diese Zahlen fließen dann zu den Großzahlenmenschen, die damit zu Kellerleuten gehen, ein bisschen von ihren Schulden zurückzahlen und noch mehr Zahlen erhalten, mit denen sie dann wieder in die Welt hinausgehen und noch mehr aus ihr herausholen.»

«Das ist ja schrecklich. Gibt es da keinen Widerstand?»

«Natürlich. Anfangs pferchten die Großzahlenmenschen die Kleinzahlenmenschen in stickige Fabriken, wo sie von früh bis spät schuften mussten, vorzeitig starben oder im Elend versanken. Dann taten sich die Kleinzahlenmenschen zusammen, um groß zu werden und mehr Zahlen und bessere Lebensbedingungen zu bekommen. Ein Kampf zwischen den Groß- und den Kleinzahlenmenschen brach aus.»

«Wer hat gewonnen?»

«Als die Großzahlenmenschen erkannten, dass sie zu wenige waren, um den Sieg davonzutragen, hatten sie eine neue Idee.»

«Und die war?»

«Sie boten den Kleinzahlenmenschen an, die Regeln selber zu bestimmen. Aber weil man nicht mit Millionen von Menschen über neue Regeln diskutieren kann, schlugen sie den Kleinzahlenmenschen vor, Vertreter zu wählen, die dann nach dem Mehrheitsprinzip über neue

Gesetze entscheiden sollten. Die Kleinzahlenmenschen waren …»

«… gibt es keine einfacheren Worte dafür? Riesen und Zwerge zum Beispiel.»

«Gut. Riesen und Zwerge! Die Zwerge waren also einverstanden, die neuen Regeln durch Vertreter aller Zwerge und Riesen bestimmen zu lassen. Was sie nicht ahnten, war die Tatsache, dass die Riesen genug Zahlen hatten, ihre eigenen Zwerge wählen zu lassen, die dadurch ein bisschen Riese spielen durften. Die Regeln des Zahlenspiels wurden deshalb nicht geändert, sondern nur etwas erträglicher gemacht. Und der Hauptvorteil war: Die Zwerge glaubten, sie hätten die Regeln selber erlassen.»

«Wenn die Regeln des Zahlenspiels blieben, wurde doch auch der Zahlenmangel weiterhin größer.»

«Das ist richtig. Vor über hundert Erdenjahren – damit sind hundert Umrundungen der Erde um die Sonne gemeint – waren die Zahlenunterschiede zwischen den Riesen und den Zwergen so groß, dass alle großen Länder auf Eroberung gingen und fremde Völker unterwarfen. Die Riesen waren so unersättlich, dass sie in den Großen Krieg taumelten, wie sie ihn später nannten. Aber der Friede, den sie schlossen, war im Grunde eine Verlängerung des Zahlenkrieges. Die Verlierer waren so verzweifelt, dass sie einen Wahnsinnigen zum Anführer wählten, der ihnen versprach, sie zu Riesen zu machen und einen noch viel größeren Krieg anzettelte. Nach Jahren des Brennens und Mordens gab es viel weniger Zwerge, und auch die Riesen waren so geschwächt, dass sie die Zwerge wieder brauchten. Die Zwerge arbeiteten fleißig, bauten sich Tempelchen und träumten davon, Riesen zu werden.

«Hat es denn genug Platz auf der Erde für so viele Riesen?»

«Natürlich nicht. Es hätte genug Platz für Menschen. Aber es hat nicht genug für Riesen, die immer größer und größer werden wollen, selbst wenn sich die Zwerge ganz klein machen. Es gibt sogar Riesen, die in ihren Türmen davon träumen, die Zahl der Zwerge einzuschränken. Denn sie brauchen nicht mehr viele davon.»

«Warum nicht?»

«Weil das Zahlenspiel die ganze Welt in Zahlen verwandelt hat. Die Maschinen können fast alles, wofür es früher Zwerge brauchte.

Viele meinen sogar, diese Maschinen könnten denken. Dabei führen sie nur Befehle aus, und das ist, wie du ja weißt, das Gegenteil von denken. Bald hat alles seine Zahl, jedes Gut, jede Handlung und jedes Gefühl. Die vielen Zahlen werden in mächtigen Maschinen von ein paar Großriesen geordnet, zusammengezählt und zu Befehlen verdichtet, denen die Zwerge freiwillig gehorchen, weil sie sich ein Leben ohne Zahlen gar nicht mehr vorstellen können. Dazu haben die Riesen Einrichtungen geschaffen, die den Zwergen den ganzen Tag Zahlengeschichten erzählen. Die Geschichten verkünden das Glück der großen Zahlen. Sie verbreiten aber auch Angst vor Zahlenlosigkeit und Angst vor den Menschen, die das Zahlenspiel nicht mehr spielen wollen und hoffnungsvolle Geschichten dazu erzählen. Die Zwerge tragen kleine Maschinen mit sich herum, die ständig mit den Maschinen der Großriesen verbunden sind, damit sie ja keine dieser Geschichten verpassen.»

«Die Zwerge glauben das alles?»

«Sie kennen nichts anderes. Die Großriesen sind schlau. Ihre Großmaschinen wissen, was den Zwergen gefällt und wovor sie Angst haben. Sie wählen die Geschichten so aus, dass die Zwerge nie genug davon haben. Man kann sogar sagen, dass viele Kleinzwerge schon in den Großmaschinen leben. Bald ist alles Maschine.»

«Und alles wegen dieses Zettelspiels?»

«Ja. Ich habe dir am Anfang ja gesagt, dass es ein gefährliches Spiel ist.»

«Wenn du mich fragst – aber das machst du ja nicht – dann ist das gar kein Spiel mehr.»

«Das ist eine grundlegende Frage des Universums. Jeder muss sie für sich selber beantworten. Ich bin überzeugt, dass ein Spiel, das man nicht mehr erkennt, das also zum Ernstfall wird, im Grunde immer noch ein Spiel ist.»

«Und wie kommt man dann aus diesem Ernstfallspiel heraus?»

«Ein besonderer Mensch, vielleicht einer der Unseren, hat einmal gesagt: ‹Ihr werdet die Wahrheit erkennen, und die Wahrheit wird euch frei machen.›»

«Dann lasst uns zu dieser blauen Kugel gehen und die Wahrheit verbreiten.»

«Das ist gegen die eiserne Regel der Nichteinmischung. Im Universum herrscht der freie Wille, der übrigens von den Großmaschinenriesen heftig infrage gestellt wird. Das Wunder des freien Willens leitet sich aus der Tatsache ab, dass wir immer die Wahl haben, das eine oder das andere zu tun. Selbst wenn die Großmaschinen den Kleinzwergen empfehlen oder befehlen, das eine zu kaufen oder den anderen Riesenzwerg als ihren Vertreter zu wählen, steht es ihnen im Grunde frei, es zu tun oder nicht zu tun. Das Einzige, was ihre Wahl und damit ihren freien Willen einschränken kann, ist die Angst und die Unwissenheit. Deshalb verbreiten die Großriesen mit ihren Großmaschinen und ihren ergebenen Riesenzwergen so viel Angst und so viel unnütze Information.

«Dann lasst uns doch hingehen und sagen: ‹Fürchtet euch nicht›.»

«Das hat schon einmal jemand gesagt. Aber weil die Menschen die Botschaft nicht hören wollten, sind sie zu Zwergen geworden und hoffen jetzt, dass er wiederkommt.»

«Und, kehrt er zurück?»

«Ich weiß es nicht. Vielleicht hat er Sinnvolleres zu tun, als etwas zu sagen, das er schon einmal gesagt hat. Ich würde den Zwergen empfehlen, die Maschinen einmal abzuschalten und alle Geschichten, die sie verbreitet haben aus dem Gedächtnis zu löschen, für einmal tief in ihr Inneres hineinzufühlen und das unbeschreibliche Glück des Lebens zu erfahren – und Dankbarkeit zu empfinden, dass alles, was es braucht, im Grunde da ist. Es bräuchte kein Zahlenspiel, und man könnte den Maschinen befehlen, für alle zu arbeiten – nicht nur für die Riesen.»

«Jetzt ist es einmal an mir, skeptisch zu sein.»

«Es ist die einzige Chance. Die Zwerge müssen die Wahrheit selber entdecken. Es hilft nichts, ihnen etwas zu bringen, das sie schon haben. Sie sind keine Kinder, denen man alles mehrmals vormachen muss. Sie sind erwachsen. Entweder sie lernen durch Erkenntnis oder durch Schaden.»

«Du bist brutal.»

«Keineswegs. Das sind nur die Regeln des größeren Spiels. Wer wählt, muss mit den Folgen leben. … Lieber Freund, wir können hier noch lange über diese blaue Kugel diskutieren. Ihr Schicksal liegt in der Hand ihrer Bewohner. Zudem könnten wir belauscht werden. Es wäre ein Eingriff in den freien Willen, wenn unser Gespräch auf der blauen Kugel bekannt würde.»

«Widerspruch. Nicht wir verbreiten die Botschaft, sondern einer, der vielleicht mitgehört hat.»

«Du hast Recht. Aber ich bin sicher, dass so ein Erdling alles wieder verdrehen wird.»

«Lass doch mal. Du hast ja selber gesagt, die Menschen müssten die Wahrheit selber erkennen, weder unsere Wahrheit noch die des heimlichen Lauschers, sondern ihre eigene.»

«Ich sehe, nicht nur ich habe etwas gelernt auf diesem Spaziergang.»

«Dann können wir ja später weiterspazieren.»

«Auf Wiedersehen.»

Das Zahlenspiel

Warum wird ein Spiel gespielt, das der Mehrheit der Teilnehmer keinen Spass macht? Es gibt zwei Gründe: Man wird gezwungen oder man wird hineingelockt, versteht es nicht und muss schließlich Ernstfall «spielen», was sich vom Zwang nur dadurch unterscheidet, dass man ihn nicht wahrnimmt. Beim Geldspiel, das mittlerweile im tiefsten Urwald und in den allermeisten Menschenseelen mit größtem Eifer betrieben wird, treffen gleich beide Gründe zu. Wir verstehen es nicht und richten unsere Existenz mit jeder Pore danach aus, dass wir uns die Welt mit einem anderen Tauschmittel und gerechten Regeln gar nicht mehr vorstellen können. Das ist der Zwang einer Wirklichkeit, die sich aus gelebter Unwissenheit entwickelt. Es ist die Sucht des Geldspielers, der schon so viel verloren hat, dass er den Verlust verdrängen und zwanghaft weiterspielen muss. Es ist die Höhle des Menschen, der nie Tageslicht gesehen hat und die er deshalb gar nicht verlassen will. Der Irrtum ist zu groß und zu schmerzhaft, als dass er erkannt werden könnte.

Der Irrtum ist jedoch nicht nur schmerzhaft, sondern auch verführerisch. Mit Geld schaffen wir die Möglichkeit, die Zukunft zu besitzen. Jäger und Sammler besassen, was sie tragen konnten: Kleidung, Werkzeug, Zelt und ein bisschen Vorrat. Sesshafte können sehr viel mehr besitzen: Land, Vieh und Häuser samt allem, was in ihnen Platz findet, vielleicht sogar Menschen, die sich verschuldet und selbst als Sicherheit eingebracht haben. Aber der reale Besitz hat physische Grenzen: Häuser zerfallen, Vorräte verrotten und entfernter Landbesitz verursacht Aufwand für die Bewirtschaftung und Bewachung. Um mehr zu besitzen, brauchte es eine Erfindung: Geld. Und weil wir damit (wie wir noch sehen werden) mehr besitzen können, als es gibt, ist es höchst verführerisch. Einer solchen Versuchung ist so schwer zu widerstehen, dass wir alle ihr nachgegeben haben. Wir haben die Falle nicht gestellt, aber wir sind bereitwillig hineingetappt. Die einen besitzen jetzt mehr, als es gibt und die anderen weniger, als sie zum Leben benötigen – unermessliche Vermögen und unbezahlbare Schulden in unentwirrbarer Mischung. Denn die unbezahlbaren Schulden der einen sind die illusionären Vermögen der andern.

Dieses System zur Bildung unermesslicher Vermögen hat freilich, wie jeder Pakt mit einem großen Untier, einen kapitalen Preis: Unermessliche Vermögen sind nur mit ewigem Wachstum zu gewinnen. Und ewiges Wachstum verschlingt alles, zuletzt auch uns selbst.

Die große Tragödie unseres blauen Planeten ist der Versuch, dieses surreale Missverhältnis mit denselben Regeln wieder in Harmonie zu bringen, die uns in diese verzwickte Situation gebracht haben. Es ist nicht möglich, den Schaden des Geldes mit demselben Geld zu beheben.

Wie können wir dieses Spiel beenden, bevor es seinen unvermeidlichen Ausgang findet? Zu gewinnen ist es nicht. Es bleibt uns nur, es zum Halt zu bringen und durch bessere und gerechte Regeln zu ersetzen. Aber dazu müssen wir es verstehen, und das ist die entscheidende Hürde. Denn Geld ist gleichzeitig genial und verführerisch. Genial ist es, weil es alle produktiven Kräfte in Austausch bringt, egal ob sie einen deckungsgleichen Bedarf haben. Ich kann vom Schreiner einen Tisch bekommen, auch wenn er meine Eier gar nicht braucht. Verführerisch ist es, weil Geld als Symbol für Wert unbeschränkten Besitz ermöglicht, weit über die realen Bedürfnisse und weit über die Möglichkeiten einer endlichen Welt hinaus. Ich kann Geld für tausend Betten besitzen, in denen ich niemals schlafen kann ohne zu merken, dass sich mein Besitz ins Irreale verlagert hat. Nur: Wenn wir alle das Irreale leben, wird es harte Wirklichkeit.

Der erste Schritt, das Geld und seine umfassende Wirkung zu verstehen, ist das Verständnis seiner Entstehung; und das ist schon das erste große Hindernis, das selbst Banker mit täglicher Praxis nicht überwinden. «Der Vorgang, mit dem Banken Geld erzeugen, ist so simpel, dass der Verstand ihn kaum fassen kann», schrieb der große Ökonom John Kenneth Galbraith. Dann richten wir doch unsere Verstandeskräfte auf die Magie der Geldschöpfung, denn ein Geheimnis ist sie nicht! Man will sie einfach nicht glauben. In unmissverständlicher Klarheit schreibt die Schweizerische Nationalbank auf Seite

19 ihrer Broschüre «Die Nationalbank und das liebe Geld»[5]: «Die Banken schaffen neues Geld, indem sie Kredite vergeben.» Gleichlautende, aber kompliziertere Erklärungen liefern auch andere Zentralbanken, u. a. die Bank of England oder die Deutsche Bundesbank. Die Banken nehmen also nicht das Geld der Sparer, wie sie immer behaupten, sondern schreiben den gewünschten Betrag einfach in das Konto des Kreditnehmers. Mit dieser Zahl kann er nun bezahlen, wie wenn es richtiges Geld wäre, für das andere Leute arbeiten müssen. Bei diesem einfachen Vorgang entsteht aber nicht nur unbares Geld, das in Umlauf geht und dessen Menge gleich bleibt, sondern auch eine Forderung, die mit der Zeit wächst. Es hat also nie genug Geld im System, um alle Forderungen zu decken. Die Bank gibt eine Million, will aber zwei zurück (im Falle eines Hypothekarkredits mit 5 Prozent Zins und 30 Jahren Laufzeit).

Das Finanzsystem «löst» dieses Problem, indem es ständig neue Kredite vergibt. Der Volkswirtschaft steht damit laufend frisches Geld zur Erfüllung der Verbindlichkeiten zur Verfügung. Damit erhöht sich die Geldmenge, aber der Schuldenberg wächst noch schneller. Unser Geld erzeugt also einen permanenten Wachstumszwang – eine Unmöglichkeit in einer endlichen Welt, wie wir mit zunehmender Härte erfahren.

Dieses Geld hat aber einen weiteren entscheidenden Haken: Es wirkt als unsichtbarer Umverteiler. Zum einen erhalten frisches Geld nur die Kreditwürdigen, die also schon genug davon haben. Zum anderen ist Geld ein zinsbelasteter Kredit. Der Zins versteckt sich in allen Preisen und wird bezahlt, ohne dass wir es merken. Bei der Müllabfuhr sind es nach Berechnungen des deutschen Geldanalytikers und Publizisten Helmut Creutz (1923 bis 2017) 18 Prozent, im sozialen Wohnungsbau 77 Prozent. Knapp 90 Prozent der Menschen bezahlen mehr versteckten Zins als sie erhalten. Es findet also eine kontinuierliche Umverteilung von den Arbeitenden zu den Vermögenden statt.

In der langen Frist betragen Zins- und Kapitaleinkommen zwischen 25 und 32 Prozent des Volkseinkommens, schreibt Thomas Piketty in

---

5   Das Erscheinen der Broschüre wurde im Vorfeld der Vollgeld-Initiative eingestellt und die elektronische Version vom Netz genommen. Hier noch zum download: www.christoph-pfluger.ch/wp-content/uploads/2017/09/Die-SNB-und-das-liebe-Geld.pdf

«Das Kapital im 21. Jahrhundert». Knapp ein Drittel dessen, was die Arbeitenden produzieren, fließt also als Gewinn an die Besitzenden. Dabei spielt die Macht, Löhne zu drücken, Preise zu bestimmen oder Ressourcen auszubeuten eine entscheidende Rolle. Doch es ist nur das Wesen des Geldes als Kredit, das den Besitzenden diese Macht verleiht, nicht Fähigkeit oder Verantwortung für das Gemeinwohl.

Dieses eigenartige Geld hat eine Reihe weiterer Nachteile[6], ein folgenreicher ist seine private Natur. Geld ist zwar eine soziale Technologie, aber sie wird von Privaten zur Verfügung gestellt und kontrolliert. Unser Geld auf den Bankkonten ist nicht gesetzliches Zahlungsmittel, sondern bloß eine Forderung darauf. Gesetzliche Zahlungsmittel können nur die Zentralbanken schöpfen, für den Bürger ausschließlich in der Form von Münzen und Banknoten. Damit das Versprechen der Banken glaubhaft wirkt, die von ihnen per Kredit geschöpften unbaren Gelder jederzeit in gesetzliche Zahlungsmittel zu tauschen, bestehen gewisse Reservevorschriften. In der Schweiz liegt die Mindestreserve bei 2½, im Euroraum bei einem Prozent. Um einen Kredit von einer Million Franken zu vergeben – also privates Geld zu schöpfen –, braucht eine Schweizer Bank also 25 000 Franken in gesetzlichen Zahlungsmitteln. Zusammen mit den Kapitalvorschriften für Banken ergibt sich eine Reserve von gegen zehn Prozent in unterschiedlicher Liquidität. Das Geschäft der Banken besteht also darin, Geld aus nahezu nichts zu schöpfen, Zins dafür zu verlangen und alle glauben zu machen, ihr Geld sei real. Dabei besteht es aus Schulden, die nie bezahlt werden können. Aber weil wir alle an diese Irrealität glauben, handeln wir danach, machen sie zur Realität und werden Opfer des Wachstumszwangs und der ständigen Umverteilung.

Natürlich ist ein solches Geldsystem nicht über Nacht über die Welt hereingebrochen, sondern hat sich über die Jahrtausende entwickelt, bis es Teil unserer kollektiven DNA geworden ist, über die sich fast niemand mehr Gedanken macht. Wir leben als Menschheit in einer gigantischen Geldillusion, die unser Verhalten bestimmt und die

---

6   ausführlich dargestellt in Pfluger: Das nächste Geld – die zehn Fallgruben des Geldes und wie wir sie überwinden. edition Zeitpunkt, 2016.

Welt zerstört. Diese Geldillusion hat immer bestanden, Umverteilung und Ungleichheit bewirkt und zu Kriegen, Revolutionen und Staatszusammenbrüchen geführt, wie der Historiker Walter Scheidel in seinem Opus magnum «Nach dem Krieg sind alle gleich – eine Geschichte der Umverteilung» (wbg Theiss, 2018) mit erschütternder Konsistenz zeigt. Aber heute hat diese Illusion den hintersten Winkel der Erde erreicht, praktisch jeden Menschen erfasst und steht kurz davor, das Leben an sich, die Gene, die Biosphäre und den freien Willen in Besitz nehmen. Das einzig Heilsame an dieser unmittelbaren Gefahr liegt darin, dass wir zur Erkenntnis gezwungen sind, wenn wir als freie Menschen weiterleben wollen und nicht als Homo oeconomicus dem alchemistischen Befehl folgen, alles in Geld zu verwandeln – zuletzt auch uns selbst.

Warum ist es so schwer, einen Irrtum zu erkennen? Die Wahrheit müsste doch befreien. Der entscheidende Moment des Irrtums ist eben nicht der Zeitpunkt, an dem wir ihm verfallen – das merken wir nicht einmal! –, sondern der Augenblick der Erkenntnis. Dann begleichen wir den Preis, den wir in Tat und Wahrheit bereits bezahlt haben. Je höher der Preis, desto größer unsere Tendenz, die unangenehme Wahrheit zu verdrängen, was den Preis nur weiter in die Höhe treibt und die Blindheit verstärkt. Je größer der Irrtum, desto schwerer ist er zu erkennen. Das ist die perfide Natur des Geldirrtums, des absurden Wunsches, die Zukunft zu besitzen und mehr als es gibt.

Es gibt zwei Wege der Erkenntnis: Den Verlust zu akzeptieren, den wir uns und der Erde bereits zugefügt haben, die Schulden zu streichen und eine neue Ordnung der Gerechtigkeit zu errichten. Oder weiterzumachen, bis die Zukunft buchstäblich aufgebraucht ist und die kumulierten Folgen der Monetarisierung über uns zusammenstürzen: die Zerstörung der Biosphäre, die Digitalisierung des Menschen, die totale Konzentration der Macht. Vielleicht wird es das absolute Ende sein, vielleicht der Anfang einer monetären Sklaverei – jedenfalls nichts, was man wollen darf.

Ein Irrtum ist leichter anzunehmen, wenn wir erkennen, wie wir hineingeraten sind. Deshalb muss es uns interessieren, wie die Falle in den letzten fünf Jahrtausenden zugeschnappt ist, langsam, aber mit unwiderstehlicher Logik.

Die Vertreibung
aus dem Paradies

Wer in einer Geisterbahn unterwegs ist, braucht ein Gedächtnis über mindestens fünf Minuten. Sonst weiß er nicht, wo er herkommt und dass es noch eine ganz andere Wirklichkeit gibt, als die der heulenden Geister und drohenden Dämonen.

Ein gewisses historisches Bewusstsein, das etwas mehr als einen Quartalsbericht oder eine Wahlperiode umfasst, ist also durchaus überlebenswichtig. Wer das große Ganze nicht sieht, kann die Überfülle von Informationen nicht einordnen und läuft Gefahr, in die Irre geführt zu werden und dort steckenzubleiben.

Nach übereinstimmender Auffassung hat unsere Zivilisation mit der Erfindung der Landwirtschaft und der Sesshaftigkeit begonnen, je nach Weltgegend vor 4000 bis 12 000 Jahren. Während die Züchtung von Pflanzen und die Zähmung von Tieren vornehmlich als großer Fortschritt dargestellt wird, gibt es auch ganz andere Sichtweisen. Der Universalhistoriker Yuval Harari bezeichnet die landwirtschaftliche Revolution in seinem Bestseller «Eine kurze Geschichte der Menschheit» als «größten Betrug der Geschichte». Und er präsentiert überzeugende Argumente: «Der Alltag der Bauern war härter und weniger befriedigend als der ihrer Vorfahren. Die Jäger und Sammler ernährten sich gesünder, arbeiteten weniger, gingen interessanteren Tätigkeiten nach und litten weniger unter Hunger und Krankheiten. Mit der landwirtschaftlichen Revolution nahm zwar die Gesamtmenge der verfügbaren Nahrung zu, doch die größere Menge an Nahrungsmitteln bedeutete keineswegs eine bessere Ernährung oder mehr Freizeit. Im Gegenteil, die Folgen waren eine Bevölkerungsexplosion und die Entstehung einer verwöhnten Elite. Im Durchschnitt arbeiteten die Bauern mehr als die Jäger und Sammler und bekamen zum Dank eine ärmere Kost.»

In der Tat: Während die Funde aus der Zeit der Jäger und Sammler keine Hinweise auf ausgeprägte Hierarchien liefern, zeugen schon die ersten Gräber der Sesshaften von einer deutlichen Schichtung der Gesellschaft. Wildbeuter hatten wenig Besitz – Werkzeug, Pelze und Gefäße – und der musste von Ort zu Ort geschleppt werden. Sie lebten in Gruppen von bis zu 150 Menschen, die voneinander abhängig waren. Unterdrückung konnte schnell die Kooperation zerstören und das Überleben der Gruppe gefährden. Sinnbild dafür ist die Jagd: Die Beute gehörte allen, nicht nur dem Mutigsten mit dem entscheidenden Speerwurf, sondern auch den Treibern und denen, die «zu Hause» zum Nachwuchs schauten.

Die Entwicklungspsychologen gehen davon aus, dass unsere Psyche und unsere Instinkte in dieser langen Zeit seit dem Auftreten des Sapiens vor rund 100 000 Jahren geprägt wurden und nicht in der relativ kurzen Periode seit der landwirtschaftlichen Revolution. Unsere Steinzeitgehirne sind für ein Leben in einer Welt des Mangels und in übersichtlichen Gruppen programmiert und nicht für den Überfluss und den Individualismus[7].

Die Sesshaftigkeit und der Nahrungsüberfluss konfrontierten die Steinzeitgehirne mit ganz neuen Problemen, für die sie nicht gebaut worden waren. Plötzlich konnte man mehr besitzen, als man tragen konnte. Der evolutionär entstandene Instinkt hält Besitz praktisch uneingeschränkt für positiv, da ihm natürliche Grenzen gesetzt waren, die einen Missbrauch verhinderten. Es war unmöglich, größere Vorräte einzulagern oder zu transportieren. Mit der Landwirtschaft dagegen wurde dies geradezu zur Pflicht. Und was geschieht mit dem Besitz nach dem Tod? – auch das eine ganz neue Frage. Planung wurde zur Pflicht, für das nächste Jahr, das übernächste und die nächste Generation. Und schließlich die Frage, die wir bis heute nicht beantworten können: Wann ist genug, wenn es mehr als genug gibt?

Die Antwort der Sesshaften war der Grundbesitz, die Hierarchie (auch der Geschlechter), die Familie mit den eigenen Nachfahren und die staatliche Organisation mit dem geregelten Tausch, seit der Antike mithilfe von Münzen, die viele immer noch (und irrtümlich) als

---

7   Sehr anschaulich dargestellt in «Die Schmerzgrenze» von Joachim Bauer, in dem er nachweist, dass es so etwas wie ein «Aggressionsgen», die biologische Basis des Neodarwinismus und der individualisierten Wettbewerbsgesellschaft, nicht gibt.

wahre Form des Geldes betrachten. Gemäß dem Historiker Walter Scheidel von der Stanford University hatten vier Fünftel der Jäger-Sammler-Gesellschaften keine Führer, während drei Viertel der Agrargesellschaften als Stammesfürstentümer oder Staaten organisiert waren.

Der Grundbesitz ist vielleicht der größte Einzelfehler der organisierten Sesshaftigkeit. Er ist historisch die wichtigste Vermögensform der Geschichte und die primäre Ursache der exorbitanten Ungleichheit, die die menschlichen Gesellschaften immer wieder zusammenbrechen ließ.[8]

Warum ist der Grundbesitz ein fundamentales Problem der Menschheit? Zuallererst ist es ein Gut, das der Mensch nicht selbst herstellen, sondern nur usurpieren kann, notfalls mit Gewalt. Historisch sind Grund und Boden die bedeutendste Form von Besitz, vor Vieh, Häusern oder Edelmetall. Besitz und Ungleichheit haben also entgegen der Doktrin des modernen Kapitalismus mehr mit Raub als mit Innovation und Produktion zu tun.

Kein Grundstück ist wie das andere. Das eine ist fruchtbarer, das andere besser gelegen. Selbst wenn alle unter ähnlichen Voraussetzungen beginnen, hat der eine nach ein paar Jahren mehr Vorräte und mehr Vieh als der andere, egal wie tüchtig er ist. Und damit entsteht das Problem der Verwertung der Überschüsse, die mit zwei sozialen Technologien «gelöst» wurden: dem Tausch und der Leihe. Mit dem organisierten Tausch – zuerst durch Buchhaltung, später durch Geld – wurden die Überschüsse nach Bedarf und wirtschaftlicher Potenz verteilt. Und mit der Leihe, meist gegen Zins, wurde der Mangel der einen mit dem Überschuss der anderen überbrückt,

---

8   An dieser Stelle muss man Rousseaus berühmten Satz aus den Discours zitieren: «Der erste, der ein Stück Land mit einem Zaun umgab und auf den Gedanken kam zu sagen ‹Dies gehört mir› und der Leute fand, die einfältig genug waren, ihm zu glauben, war der eigentliche Begründer der bürgerlichen Gesellschaft. Wie viele Verbrechen, Kriege, Morde, wieviel Elend und Schrecken wäre dem Menschengeschlecht erspart geblieben, wenn jemand die Pfähle ausgerissen und seinen Mitmenschen zugerufen hätte: ‹Hütet euch, dem Betrüger Glauben zu schenken; ihr seid verloren, wenn ihr vergesst, dass zwar die Früchte allen, aber die Erde niemandem gehört›.»

d. h. langfristig verstärkt. Denn wer bekommt und mehr zurückgeben muss, hat am Ende weniger. Und wer nicht bezahlen konnte, musste sein Land hergeben oder sogar seine Freiheit, wenn er seine Person als Sicherheit eingebracht hatte, was in früheren Kulturen durchaus üblich war.

Mit Selbstjustiz lassen sich solche Rechte und Abhängigkeiten nicht durchsetzen, dazu braucht es staatliche Organisation, deren erstes Auftreten direkt mit der landwirtschaftlichen Revolution zusammenhängt, wie Walter Scheidel in seinem Buch «Nach dem Krieg sind alle gleich – eine Geschichte der Ungleichheit» schreibt: «Die ersten Staaten entstanden in jenen Teilen der Welt, in denen sich die Landwirtschaft zuerst entwickelte: Als Pflanzen – vor allem Getreide – und Tiere domestiziert waren, teilten früher oder später auch die Menschen dieses Schicksal und die Ungleichheit erreichte ein bis dahin undenkbares Ausmaß. Ein ungleichmäßig verteilter Zugang zu Einkommen und Vermögen ging der Entstehung einer staatlichen Ordnung voraus und trug zu ihrer Entwicklung bei.»

Ungleichheit, das tönt zunächst ganz unverfänglich. Schließlich sind wir alle einzigartige Individuen, alles andere als gleich. Aber wenn die materielle Ungleichheit ein gewisses, aber nicht fest definiertes Maß überschreitet, erschwert sie das Zusammenleben in Gruppen, Staaten oder Weltreichen bis hin zum offenen Konflikt oder gar Zusammenbruch, die wieder eine gewisse Gleichheit herstellen. Umverteilung von den Arbeitenden zu den Besitzenden, eine wachsende Schere zwischen Arm und Reich und eine kontinuierliche Konzentration der Macht in einer immer kleiner werdenden Elite bis zur unausweichlichen Korrektur durch Krieg, Seuchen, Revolution oder Staatszusammenbruch – dies ist die alles überragende Konstante der menschlichen Geschichte seit der landwirtschaftlichen Revolution, wie Walter Scheidel mit erschütternder Deutlichkeit an Dutzenden von Beispielen zeigt. Warum diese historische Konstante keinen angemessenen Platz in unserem Geschichtsbewusstsein und im Rechtsleben gefunden hat, ist ein tragisches Rätsel, das im Laufe der letzten Jahrtausende zu Gewalt in zahllosen Formen und zu unermesslichem Leid geführt hat.

Aber es sind nicht die Landwirtschaft und die Sesshaftigkeit an sich, die uns ins Elend der systemisch wachsenden Ungleichheit geführt haben, sondern die Überschüsse und ihre Verteilung. Gemäß einer Studie über 258 indigene amerikanische Gesellschaften waren bei 86 Prozent jener Gemeinschaften, die keine nennenswerten Überschüsse produzierten, auch keine Hinweise auf politische Ungleichheit zu finden. Unter den Gemeinschaften, die moderate oder hohe Überschüsse erzeugten, entwickelte dagegen derselbe Anteil eine politische Hierarchie.

Der Überschuss, das Zuviel steht also am Anfang des zivilisatorischen Problems der Ungleichheit. Was für eine unfreiwillige Tragik! Da macht sich der erfinderische Mensch ans Werk, um sich das Leben leichter zu machen und den Mangel zu überwinden und erzeugt dabei ein Problem, das er nicht erwarten konnte und dem er noch nie begegnet war. Geblendet vom individuellen Erfolg seiner Bemühungen, sieht er den Schaden für die Allgemeinheit nicht, der daraus entsteht.

Dabei muss individueller Gewinn keineswegs zwingend zu kollektivem Schaden führen. Aber die Art, wie wir seit der landwirtschaftlichen Revolution mit Überschüssen umgegangen sind, ist eindeutig kein Erfolgsmodell. Dank der Produktivität des Ackerbaus und der Viehzucht wuchs die Bevölkerung und fand sich in Siedlungen, die viel größer als das traditionelle Modell der Gemeinschaft mit rund 150 Menschen waren und die die Steinzeitgehirne überforderten.

Schuld an diesen Katastrophen (den Bürgerkriegen und Revolutionen), schreibt Yuval Harari, sei die Tatsache, «dass wir Sapiens keine natürlichen Instinkte mitbringen, die uns die Zusammenarbeit mit großen und anonymen Gruppen ermöglichen». Das ist die Vertreibung aus dem Paradies, die schon die Bibel auf den Beginn der Sesshaftigkeit legt.

Weil wir den Umgang mit Grundbesitz nicht gelernt hatten, mussten Regeln erfunden werden, Götter die sie rechtfertigten und Regenten, die sie durchsetzten. Und dabei spielte das Geld die entscheidende Rolle, wie wir gleich sehen werden.

Der sanfte Beginn

Bevor wir uns in die Geschichte des Geldes vertiefen, müssen wir verstehen, was Geld seinem Wesen nach ist und sein sollte. Dies zeigt eine einfache, grundlegende Transaktion: Ein Bauer kauft sich bei einem Schreiner einen Tisch im Wert von tausend Eiern. Da der Schreiner kein so großes Omelett verspeisen mag und der Bauer auch nicht so viele Eier vorrätig hat, einigen sich die beiden auf eine Anzahlung von 50 Eiern und Gutscheinen für weitere 950 Stück. Der Bauer ist ehrlich, sein Hühnerhof groß, der Vertrag ist sicher, der Schreiner kann liefern.

Mit den Gutscheinen, die er nun erhält, kann der Schreiner seine Angestellten bezahlen, sofern sie gerne ein Ei zum Frühstück essen oder Eierliebhaber kennen, die sie an Zahlung nehmen. Und wenn das Dorf schlau ist, erhebt es die Gutscheine zum offiziellen Zahlungsmittel. Es bleibt werthaltig, solange nicht mehr Eier geschuldet werden, als die Hühner innerhalb nützlicher Frist legen können. Als universelles Tauschmittel verbindet es die Kreativität und Produktivität aller Menschen in einem Marktgebiet. Wer nicht mehr auf dem Fußboden, sondern an einem ordentlichen Tisch essen will, braucht nicht mehr auf einen Schreiner zu warten, der gerade Heißhunger auf Eier hat. Und wer überschüssige Kartoffeln hat, kann sie auch jemandem verkaufen, der herstellt, was man selbst schon hat, ein Bett zum Beispiel. Ein universelles Tauschmittel setzt alle Menschen miteinander in wirtschaftliche Beziehung – eine wahrlich geniale Erfindung.

Geld ist also ein übertragbares Anrecht auf Gegenleistung. Es entsteht durch Leistung – den Tisch des Schreiners – und besteht aus dem Recht auf eine gleichwertige Leistung in der Zukunft – die Eier des Bauern. Geld ist folglich kein Wert, wie wir bis zum heutigen Tage irrtümlicherweise meinen, sondern ein Recht auf eine Leistung – ein Kredit! Und es hat nur so viel Wert, als die versprochene Leistung auch erbracht wird.

Damit nimmt das Geld nicht nur bestehende Güter in Besitz, sondern auch künftige. Es besitzt und beherrscht nicht nur die Gegenwart, sondern auch die Zukunft. Das macht Geld immer, und das macht es so verführerisch und gefährlich. Deshalb braucht es Kontrolle.

Geld braucht öffentliche Kontrolle aus zwei Gründen. Zum einen müssen die Rechte auf Gegenleistung sicher sein, also nicht zu weit in die Zukunft greifen. Es dürfen nur so viel Rechte geschaffen werden, als auch erfüllt werden können. Nicht jedermann, der einen Eiergutschein erhält, hat Zeit und Lust, dem Bauern einen Besuch abzustatten, Hühner zu zählen und allenfalls in Erfahrung zu bringen, wieviele Eierschulden er sonst noch hat und wann diese fällig werden.

Zum anderen müssen die Rechte übertragbar sein, also allgemein akzeptiert werden und gewissen Normen entsprechen. Es kann zwar jedermann Gutscheine für Eier, Klavierstunden oder Mondflüge herausgeben, aber bezahlen kann er damit nur jene, die an sie glauben oder zum Mond fliegen wollen. Zum allgemein gültigen Zahlungsmittel werden Gutscheine erst durch öffentliche Herausgabe bzw. Sanktionierung. Alles andere sind Kaurimuscheln, Cumulus-Punkte oder Zigaretten, wie sie im Zweiten Weltkrieg zum Zahlungsmittel avancierten.

Der einfachste Weg der öffentlichen Kontrolle ist die zentrale Buchhaltung. Dies ist denn auch die erste Form der Geldwirtschaft, die im vierten vorchristlichen Jahrtausend im Zweistromland entwickelt wurde. Die ersten Schriften waren keine Gesetze oder Loblieder auf Götter, sondern Buchhaltung, und der älteste überlieferte Name gehörte nicht einem Herrscher, sondern dem Buchhalter Kushim[9] im heutigen Irak, der den Empfang von 29 Einheiten Gerste auf einer Tontafel bestätigte. Im Tempel wurde festgehalten, wer im Plus und wer im Minus stand. Gerechnet wurde in Silber, Getreide, Fisch und Manntagen, aber bezahlt wurde in der Regel mit realer Leistung, die verbucht wurde.

Basis der Wirtschaft der Sumerer und Altbabylonier war die Selbstversorgung, wobei der Tempel oder der Palast die gemeinwirt-

---

9   Robert Krulwich: Who's the First Person in History Whose Name We Know?. National Geographic, 19.8.15. www.nationalgeographic.com/science/phenome-na/2015/08/19/whos-the-first-person-in-history-whose-name-we-know/

schaftlichen Leistungen organisierte: den Bau von Bewässerungs- und Verteidigungsanlagen, den Kriegsdienst und die Durchsetzung des Rechts. Dafür schuldeten die Bauern dem Palast Frondienste und einen Teil der Ernte, über die der Tempel Buch führte. Die Schulden wurden verzinst. Die Schreiber des Tempels mussten schon vor 4000 Jahren die Zinseszinsrechnung beherrschen, von der man sich wünschen möchte, sie würde heute noch an den Schulen gelehrt, damit wir uns der Gefahr des immer schnelleren Wachstums bewusst würden. Aber die Kenntnis der Exponentialfunktion – am Anfang langsam und sanft, am Schluss schnell und brutal – soll unseren komatösen Taumel in eine desaströse Zukunft nicht stören.[10]

Da dachten die mesopotamischen Könige noch anders. Sie wussten, dass die Verschuldung, die Ungleichheit und die Schuldknechtschaft über kurz oder lang den eigenen Staat zu Fall bringen würden. Bauern können nur Kriegs- und Frondienst leisten, wenn sie über gewisse Reserven verfügen (also zumindest nicht verschuldet sind). Und eine reicher werdende Oberschicht hätte ihre eigene Herrschaft gefährden können. Die periodischen Schuldenerlasse, die sie verordneten, waren deshalb nicht nur eine Wohltat für das Volk, sondern dienten auch der eigenen Stabilität. Zudem war der Palast der größte Gläubiger. Ein Schuldenerlass bedeutete in erster Linie einen Verzicht auf eigene Forderungen. Vom Erlass nicht betroffen waren in der Regel Kredite unter Händlern, die in Silber abgerechnet wurden.[11]

«Alle 30 Jahre kam es zu einem völligen Neustart durch Neuverteilung des vorhandenen Grund und Bodens und die Annullierung aller Schulden. Die Bibel beschreibt dies als Erlass- oder Jubeljahr. Die Jubeljahre führten jedoch zu einem Anstieg des Zinsniveaus, sodass

---

10 Der amerikanischen Physiker Alfred Bartlett hält das Unverständnis der Exponentialfunktion für den größten Fehler des Menschen und hat dazu sehenswerte Kurzvorträge auf youtube gestellt.

11 Ausführlich dargestellt sind die wirtschaftlichen Verhältnisse und die Schuldenerlasse im Buch «....and forgive them their debts– Lending, Foreclosure and Redemption from Bronze Age Finance to the Jubilee year (ISLET, 2018) des Historikers und Ökonomieprofessors Michael Hudson. Basis des Buches sind mehrere wissenschaftliche Kolloquien zum Thema, die in den letzten 20 Jahren an Harvard, Princeton und anderen renommierten Universitäten durchgeführt wurden.

am Ende in Mesopotamien alle drei Jahre ein Neustart erforderlich war.»[12] Wie entscheidend die Schuldenerlasse für die damaligen Staaten waren und wie tief sie das Lebensgefühl der Menschen berührten, zeigt ihr sumerischer Begriff «amargi», wörtlich «Rückkehr zur Mutter».

Diese soziale Technologie hat mehr als 3000 Jahre funktioniert, länger als alle Geldsysteme zusammen, die seither erfunden wurden. Und sie hat auch Eingang in die jüdisch-christliche Religion gefunden. In ihrem babylonischen Exil (597 bis 539 v. Chr.) lernten die Israeliten die Praxis des Erlassjahres kennen und wollten sie nach ihrer Rückkehr umsetzen. Aber die in Judäa gebliebenen Herrscher hatten sich inzwischen mit der reichen Oberschicht solidarisiert und wollten nichts von Schuldenerlassen wissen. «Aus diesem Grund entzogen die biblischen Propheten den Königen das moralische Zentrum der Gesetzgebung und machten Schuldenerlasse und automatische Landreformen zu verpflichtenden Elementen des heiligen Bundes unter dem mosaischen Gesetz.»[13] Erlassjahre wurden typischerweise am jüdischen Fest Yom Kippur mit dem Yobel-Horn angekündigt, das – wer hätte das geahnt – dem Jubel und dem Jubeljahr seinen Namen gab.

Das mesopotamische Geldsystem hatte natürlich auch Nachteile. Guthaben konnten nicht außerhalb des Systems übertragen werden, an reisende Händler zum Beispiel, und der Mensch war nicht frei in der Verwendung seiner Mittel. Er konnte damit nur tun, was der Tempel zuließ. Um diese Beschränkung zu brechen, brauchte es eine weitere Innovation, für die, wie so oft in der Geldgeschichte, der Krieg den Anlass gab.

---

12 David Stelter: Die Schulden im 21. Jahrhundert. 2014. S. 65
13 Hudson: «....and forgive them their debts», Pos. 754

Geld wird zu Gold

Die vielleicht bedeutendste Innovation in der Geschichte des Geldes entstand zwischen dem 7. und 5. Jh. v. Chr. ungefähr zeitgleich in Griechenland, Indien und China und unter ähnlichen Umständen. Anstatt die Soldaten wie bisher mit einem Anteil an der Beute zu beteiligen, begannen die Herrscher ihre Krieger mit Münzen zu bezahlen, die sie aus den geraubten Schätzen schlagen liessen. Die Untertanen wurden angewiesen, ihre Steuern fortan mit den neuen Münzen zu begleichen. Dadurch entstanden Märkte, und die Volkswirtschaft verwandelte sich in eine Maschine zur Versorgung der Soldaten.[14]

Diese Innovation ermöglichte Armeen mit Berufssoldaten und die Einführung der berühmten Phalanx («Walze»), mit der es dem kleinen Griechenland gelang, das grosse Persien zu schlagen und das erste von Europa ausgehende Weltreich zu schaffen. Aber es gab noch andere Effekte mit nachhaltigerer Wirkung. Mit Einführung der Münzen mutierte das Geld von einem Recht auf einen Wert (was es ist) zu einem Wert an sich (was es nicht sein kann). Gold hat keinen ökonomischen Wert als solchen, sondern erst im Tausch gegen Dinge, die man verwenden oder konsumieren kann. Mit anderen Worten: Gold ist und bleibt ein Anrecht auf etwas Reales und kann nie etwas anderes sein. Und wichtig: Diese realen Dinge müssen erst noch erschaffen werden. Gold entstand ja nicht durch nützliche Leistung, sondern durch Raub oder Schufterei in der Mine.

Wie verführerisch und illusorisch Gold für die Lebenspraxis ist, erkannten schon die alten Griechen. Midas, der sagenhaft reiche König von Phrygien, machte alles zu Gold, was er berührte. Seine Speisen konnte er nicht mehr essen, seine Liebsten nicht mehr küssen – der erste mythische Mensch, der am Luxus, der unweigerlich zum Zwang wird, zugrunde ging.

Allen Warnungen zum Trotz hat sich die illusionäre Gleichsetzung von Geld mit Wert so unausrottbar tief in unser Denken und unser Verhalten eingegraben, dass wir, wie es scheint, lieber die Welt

---

14 David Graeber: Schulden: Die ersten 5000 Jahre. 2011. S. 56

verkaufen als unseren monetären Irrglauben anzuzweifeln. Wir hören nicht auf, Geld als einen Wert zu behandeln anstatt als Schuld, die von anderen zuerst abgearbeitet werden muss.

Aber die Genialität des Münzgeldes wirkte auch konstruktiv. Mit einem Geld, das nicht mehr bloß aus Einträgen in der Tempelbuchhaltung bestand, sondern von Individuen besessen, angehäuft und verschoben werden konnte, explodierte auch die soziale Mobilität. Dank des universellen Wertmaßstabs konnte man mit Fremden Handel treiben und kraft seines Besitzes die Standesgrenzen überwinden. Das bedeutete eine unglaubliche Stärkung des Individuums. Es ist kein Zufall, dass in Griechenland die ersten Demokratien entstanden, wenn auch noch ohne Beteiligung der Frauen und der Leibeigenen. Die antiken Demokratien zähmten die Macht des Geldes – wenn auch nur für die besitzende Oberschicht –, sorgten für eine einigermaßen egalitäre Herrschaft und eine im historischen Vergleich relativ ausgeglichene Verteilung, wie Walter Scheidel feststellt.[15]

Aber Schulden, Schuldknechtschaft und Landverlust gab es trotzdem und die gefährdeten immer wieder den Staat. Ein leuchtendes Beispiel ist die Geschichte der griechischen Stadt Megara, einer wichtigen Rivalin des größeren Athen. Um 600 v. Chr. litten viele griechische Stadtstaaten unter wachsender Ungleichheit, einem Überangebot an Arbeitskräften und Schuldsklaverei. Da beschloss Megara eine radikale Demokratisierung samt Schuldenerlass und Rückzahlung von Zinsen. Die Reformen stärkten die Identifikation der Bevölkerung mit ihrem Gemeinwesen und begünstigten die Wehrbereitschaft. So gelang es Megara, Athen zu besiegen. Das Kriegsglück wandte sich erst, als auch Athen einen Schuldenerlass durchführte und die Schuldknechtschaft verbot. Der Ruf nach einem Schuldenerlass war so populär, dass ihn der griechische Heerführer und Stratege Aeneas Tacitus empfahl, um die Bevölkerung auf seine Seite zu ziehen, indem ihn Verteidiger durchführten oder Angreifer versprachen.

Nur: Die Macht des Goldes und des Privatbesitzes war stärker und setzte sich mit Gewalt durch.

---

15 Walter Scheidel: Nach dem Krieg sind alle gleich. wbg Theiss, 2018. S. 241

Die römische Republik versank nach dem siegreichen, aber teuren 2. Punischen Krieg (218 bis 201 v. Chr.) in Bürgerkriege und Verteilungskämpfe zwischen der verarmten Landbevölkerung, dem verschuldeten Staat und der reichen Oberschicht: Die Volkstribune Tiberius und Gaius Gracchus verloren beim Versuch einer Landreform ihr Leben (133, bzw. 123 v. Chr.); der Praetor Asellius wurde ermordet, weil er ein Gesetz gegen den Wucher wieder einführen wollte (89 v. Chr.); die Sklaven revoltierten unter der Führung von Spartacus (73 bis 71 v. Chr.); Catilina, der einen Schuldenerlass durchführen wollte, verlor mit 3000 Getreuen in der Schlacht von Pistoria sein Leben (62 v. Chr.); Cäsar marschierte auf Rom und führte ein Konkursrecht ein, das die Reichen begünstigte (49 v. Chr.); Cneius Cornelius Dolabella, der eine Revolte für einen Schuldenerlass anführte, wurde ermordet (47 v. Chr.). 27 v. Chr. war die Republik am Ende und das Kaiserreich machte sich daran, als der unerbittlichste Schuldeneintreiber der Antike in die Geschichte einzugehen.

Aber die Römer wussten etwas, das die heutigen Banken geflissentlich vergessen: dass eine Sache nicht gleichzeitig zwei Besitzer haben kann. Im *corpus iuris civilis* von 239 n. Chr. schrieb Kaiser Gordianus ausdrücklich, «wer wissend und willentlich das deponierte Gut zu seinem eigenen Gewinn gegen den Willen des Eigentümers nutzt, begeht das Verbrechen des Diebstahls». Die Banken durften also nichts verleihen, was ihnen nicht gehörte. Zur zusätzlichen Abschreckung wurden die Mitglieder der römischen Bankiervereinigung Societas Argentariae kollektiv einer unbeschränkten Haftung unterworfen, was gleichzeitig soziale Kontrolle bewirkte und wie eine Versicherung funktionierte. Geriet ein Bankier in Schwierigkeiten, mussten die anderen einspringen. Der Kontrast zur heutigen Regelung könnte nicht größer sein.

Dies konnte die Umverteilung freilich nicht verhindern. Im zweiten Jahrhundert n. Chr. befand sich bereits ein Viertel der Bevölkerung in Leibeigenschaft. Im fünften Jahrhundert schrumpfte die römische Wirtschaft aus Geldmangel zur Selbstversorgung und war den Barbaren hilflos ausgeliefert[16], während Ostrom noch

---

16 Hudson: «....and forgive them their debts», Pos. 754)

fast 1000 Jahre weiter existierte, nicht zuletzt wegen gelegentlicher Schuldenerlasse.

Fast tausend Jahre musste das Geld warten, um sich von den Fesseln des Goldes und seiner beschränkten Verfügbarkeit zu lösen. Aber dafür ging es dann richtig los.

Eine Illusion

Das Gold ist kein Wert an sich, sondern funktioniert auch als Geld nur als Symbol. Es hat – abgesehen von der Dekoration – nur Wert, weil die meisten Menschen daran glauben und man es gegen Dinge von echtem Nutzen tauschen kann. Seine Nachteile sind die hohen Gewinnungskosten und die begrenzte, von Bergbau oder Raub abhängige Verfügbarkeit.

Ein Geld, das sich leichter herstellen ließe, käme seinem inhärenten Drang zur Selbstvermehrung sehr entgegen. Die entscheidende Erfindung ereignete sich im ausgehenden Mittelalter. Die reichen Leute brachten ihre Schätze zur Aufbewahrung den Goldschmieden, die über die sichersten Keller und Schränke verfügten. Sie erhielten Quittungen dafür und merkten, dass man damit, anstatt mit Gold bezahlen konnte. Da nur ein beschränkter Stock zur Abwicklung der Rückzüge nötig war, stellten die Goldschmiede bald mehr Quittungen aus, als sie Gold in den Tresoren hatten, verlangen Zins für diese Dreistigkeit – und wurden zu Bankern. An diesem Prinzip des Bankgeschäfts hat sich bis heute nichts geändert, außer der Deckung. Während im ausgehenden Mittelalter noch zehn Prozent üblich waren, gilt im Euroraum eine Mindestreserve von einem und in der Schweiz von 2,5 Prozent.

Dieses Kreditgeld, ein direkter Zugriff auf die Werte der Zukunft, durfte natürlich nicht konsumiert, sondern musste investiert werden, um die versprochenen Zukunftswerte zu schaffen, d. h. mindestens den Zins und eine Risikoprämie einzuspielen. Es begann die Ära der Kapitalgesellschaften, vorerst für große Vorhaben, die die Möglichkeiten einzelner übertrafen. Die erste Aktiengesellschaft wurde 1602 in Holland gegründet, die Vereenigde Oostindische Compagnie, VOC, die das Raubgeschäft der spanischen Konquistadoren perfektionierte und privat finanzierte, mit Söldnern, Festungen und Kriegen. Das empfand man damals als normal. «Wer Angst vor der immer größeren Macht der Unternehmen des 21. Jahrhunderts hat», schreibt der Historiker Yuval Harari, «sollte sich mit der Geschichte der frühen Neuzeit befassen, um zu sehen, was alles passieren, kann, wenn Unternehmen ohne jede Aufsicht und Kontrolle ihre Interessen verfolgen.»

Eine weitere entscheidende Innovation für die Geldwirtschaft war in den 1630er Jahren die Erfindung der Futures, der Option für einen Kauf in der Zukunft. Sie führte prompt in ein historisches Desaster. Als in der Tulpenmanie in Holland die Nachfrage nach den Wunderblumen das Angebot bei weitem übertraf, konnten sich Interessenten gegen eine Gebühr von 2,5 Prozent eine notariell beglaubigte Kaufoption sichern, die zur Erntezeit erfüllt werden musste, in der Regel aber schon vorher mehrmals gewinnbringend die Hand wechselte. Die teuersten Tulpenzwiebeln kosteten auf dem Höhepunkt der Manie fast so viel wie ein Haus. Man konnte also mit relativ wenig Geld und einem Versprechen an die Zukunft einen satten Profit einstreichen. Es galt einfach, rechtzeitig auszusteigen. Am Prinzip der Futures und vieler ähnlicher Derivate hat sich bis heute nichts geändert: Man kauft etwas, das es vielleicht gibt, mit Geld, das man nicht hat und streicht einen Gewinn ein, den man vielleicht behalten kann – wenn man vor der Sturmflut der Desillusionierung aussteigt.

War das Geld der frühen Neuzeit ein privater Gutschein, der von der Bonität der ausgebenden Bank abhing und gelegentlich verfiel, änderte sich dies mit der Gründung der Bank of England 1694, der Mutter aller Zentralbanken. Die als ehrwürdig geltende Institution wurde von Hasardeuren und Abenteurern gegründet, die schnell Kasse machen wollten. Die Idee dazu stammte von dem Schotten William Paterson, der als Freibeuter zu einem gewissen Vermögen gekommen war, das er außerordentlich glücklich investierte. Er gab es nämlich William Phips, einem sogenannten Projector, der 1686 mit einer Expedition und einem neuartigen Tauchgerät nach der spanischen Galleone *Nuestra Señora de la Concepción* suchen wollte, die 50 Jahre zuvor in der Karibik mit einer großen Ladung Raubgold auf ein Riff gelaufen und versunken war. Am letzten Tag der Expedition, als die Taucher nach Mitbringseln suchten, entdeckten sie das sagenhafte Schiff und brachten 34 Tonnen Gold und Silber nach Hause. Die Investoren erhielten eine Dividende von 10 000 Prozent und konnten nun wirklich groß denken. Mit der für damalige Verhältnisse enormen Summe von 1,2 Millionen Pfund (heute mehr als eine Milliarde), gründeten sie mit anderen Investoren die Bank of England und kamen dem König zu Hilfe. Dieser, Wilhelm III. von Oranien, war ein paar Jahre zuvor nur deshalb zum König gewählt worden, weil er dem Parlament in der sogenannten Glorious Revolution wichtige Rechte zugestanden hatte. So durfte er Steuern nur noch mit dessen Einwilligung erheben. Die Bank of England lieh dem König mit acht Prozent Zins das dringend benötigte Geld für seinen Krieg gegen Frankreich und erhielt im Gegenzug das Recht, Papiergeld mit royalem Siegel herauszugeben, mit dem man auch Steuern bezahlen konnte. Die Schulden des Königs wurden damit zu Geld. So verbanden sich erstmals in der Geschichte des Geldes die Zuverlässigkeit und der Geschäftssinn der privaten Kaufleute mit der staatlichen Autorität des Königs – zum beiderseitigen Vorteil. Der König konnte Krieg führen mit Geld, das es nicht wirklich gab und damit Beute machen, die real existierte (und seine Schulden teilweise tilgen). Noch besser fuhren die Aktionäre der Bank of England, schrieb doch Paterson im ersten Prospekt der neuen Bank 1694 den bemerkenswerten Satz «Die Bank erhält den Zinsgewinn von all den Geldern, die sie, die Bank, aus dem Nichts erzeugt.» Das Prinzip gilt bis heute.

Geld aus dem Nichts muss natürlich mit Werten unterlegt werden – geschaffen, erzwungen oder geraubt –, sonst ist es bald nichts wert. Am Vorabend der industriellen Revolution schien Frankreich in der besseren Position: Es war größer, reicher und hatte mehr Einwohner als England. Aber unter der Führung eines schottischen Berufsspielers mit dem bezeichnenden Namen John Law verspielte es in dramatischer Weise das Vertrauen der Finanzmärkte.

John Law (1671 bis 1729) war ein Meister in dem, was die Geldwirtschaft bis heute tut: die Verwandlung von Schulden in Geld. Nach erfolglosen Versuchen, seine Ideen zur Geldreform in Schottland und an verschiedenen Fürstenhöfen Europas unterzubringen, wurde er 1716 als Krisenmanager vom Prinzregenten Philipp von Orléans nach Frankreich geholt. Dort bekam er es mit dem größten Schuldenberg seiner Zeit zu tun, in 72 Jahren angehäuft vom prunksüchtigen und ständig Krieg führenden Sonnenkönig Louis XIV. Die jährlich fälligen Zinsen waren höher als die Staatseinnahmen. Frankreich war faktisch bankrott.

Law erhielt die Erlaubnis zur Gründung der Banque Générale, die erstmals in Frankreich das Recht erhielt, Banknoten herauszugeben, die auch zur Bezahlung von Steuern akzeptiert wurden. Gedeckt waren sie nicht mit Silber, von dem der König ja fast nichts mehr hatte, sondern mit Ländereien.

Die öffentlichen Schulden «sanierte» er, indem er die Compagnie de l'Occident (im Volksmund Mississippi-Kompagnie) gründete, deren Aktien gegen Schuldtitel der Regierung getauscht werden konnten. Die verzinslichen Schulden, die der Staat mit Steuergeld hätte bezahlen müssen, verwandelten sich dadurch in Hoffnungen auf raschen Gewinn in Nordamerika. Dies erschien zu Beginn als gutes Geschäft. Die Aktien der Mississippi-Kompagnie stiegen rasant, allein 1719 innert weniger Monate um das Zwanzigfache auf 10 000 Livres. Als Geschichten über Missstände in den amerikanischen Kolonien die Runde machten – die Hälfte der Siedler soll an Malaria gestorben sein –, schmolz das Vertrauen der Anleger und als Folge auch der Papiergeldbenutzer schnell dahin, die wieder Edelmetall bevorzugten. Um die Talfahrt der Papiere zu bremsen, wurden Ende 1719 Gold und Silber verboten. Aber schon ein halbes Jahr später – das Kartenhaus war inzwischen in sich zusammengefallen, wurden sie wieder zu gesetzlichen Zahlungsmitteln erklärt. John Law, der es in vier Jahren zum reichsten Mann des reichsten Landes brachte, musste fliehen und hinterließ dem Land eine gesalzene Rechnung. Frankreich brauchte Jahrzehnte, um sich von dem Debakel zu erholen. Papiergeld blieb über Generationen verpönt. Neben Münzen wurde sogar Salz wieder als Zahlungsmittel verwendet.

Es war also England, dem mit seinem Geld aus dem Nichts die Welt offenstand und das dank der parlamentarischen Kontrolle des Königs und der Zuverlässigkeit der Bank of England das Vertrauen der Investoren genoss. Eine verhängnisvolle Mischung, wie sich sehr rasch zeigen sollte. Zwischen 1692 und 1815 wuchsen die britischen

Staatsschulden von 5 auf 200 Prozent des Bruttoinlandprodukts, mehr als das Dreifache der Maastrichter Schuldengrenze. Die mangelnde innere Bonität wurde mit militärischer Macht wettgemacht. Das viele Geld wurde nicht etwa in Infrastruktur, Bildung oder dergleichen investiert, sondern vor allem in Kriege. Während 62 Prozent dieser Zeit führte Großbritannien Krieg und machte aus der verregneten Insel in der Nordsee das mächtigste Reich der Erde. Nicht nur der König führte Krieg, auch private Unternehmen. Die East India Company, erst 1858 verstaatlicht, führte ein Heer mit 350 000 Soldaten, größer als die offizielle Armee Großbritanniens. Der Reichtum Englands war die Armut seiner Bevölkerung und die der Kolonien. Unter britischer Herrschaft sank der Anteil Indiens am globalen Sozialprodukt von 23 auf vier Prozent. Und das einst reiche China versank unter dem Einfluss des britischen Opiums in jahrhundertelangem Elend. 1834 erließ das englische Parlament das abschreckende *New Poor Law*: Arme wurden in Armenhäuser gesteckt, die Ehepartner getrennt und in Tretmühlen geschickt, die Kinder weggenommen. Dieser Horror ermöglichte es den Fabrikanten, den Druck auf die Arbeiter zu erhöhen. Maßgebende Doktrin hinter dem Gesetz war die Überzeugung des einflussreichen Geistlichen und politischen Ökonomen Thomas Malthus, nach der der Geschlechtstrieb der Menschen nicht zu unterdrücken sei und sie sich deshalb immer schneller vermehren würden als die Produktion von Nahrungsmitteln.

Das ist die Wirkung eines Geldes, das als Kredit aus dem Nichts geschöpft wird, zu Eroberung und Wachstum zwingt und über Zins und Zinseszins zu einer ständigen Umverteilung von Arbeitenden zu Vermögenden führt. Ein solches Schneeballsystem muss periodisch eine Lawine aufbauen, die schließlich alle, auch seine Schöpfer und ihre Illusionen unter sich begräbt. Eine solche Lawine löste sich vor etwas mehr als hundert Jahren.

Der Gewinner der
Weltkriege: eine Währung

Die Zeit vor dem Ersten Weltkrieg war geprägt durch einen Wettlauf um die Herrschaft über die letzten Kolonien, die neuen Ressourcen (Öl) und die neuen Technologien (Elektrizität und Chemie). Vor allem Deutschland holte nach der Reichsgründung 1871 seinen Rückstand gegenüber England schnell auf. In dieser Zeit des klassischen Liberalismus wuchsen die Vermögensunterschiede rasch an. Diese sind nicht nur ein moralisches Problem, sondern auch eine ökonomische Sackgasse. Je größer die Vermögen, desto mehr wird aus der Produktion herausgepresst und desto höher der Lohndruck.[17] Als Folge steht immer weniger Geld für den Konsum zur Verfügung, und die Produktion erlahmt. Die Rendite ist für die Erhaltung des Kreditgeldes essenziell. Geld für die Verzinsung und Amortisation der Kredite, steht nur dann ausreichend zur Verfügung, wenn fortwährend neues Geld geschöpft, d. h. Kredite verliehen werden. Und ohne Aussicht auf Rendite gibt es keine Kredite, die Kette reißt und das Kartenhaus fällt. Eher werden die Existenzen der produzierenden Bevölkerung aufs Spiel gesetzt als die Regeln des Geldes geändert.

Die Weltwirtschaft gleicht in dieser Hinsicht einem Stück Ackerland, dessen Pächter immer mehr zur Bezahlung der Zinsen an die Besitzer abliefern müssen. Ab einem gewissen Punkt reicht dazu die Effizienzsteigerung nicht mehr; die Bauern beginnen zu hungern und ihre Arbeitsleistung kann nur durch Zwang aufrechterhalten werden, bevor sie ganz zusammenbricht. In der realen Welt äußert sich dieser Druck in sinkenden Löhnen, Verschlechterung der Produkte, Auslagerung von Arbeitsplätzen, Umweltschäden und einem stetig schärfer werdenden Konkurrenzkampf jeder gegen jeden. Es ist kein Zufall, dass sich in dieser Zeit die Eugenik ausgehend von Großbritannien zu einer dominierenden Sozialdoktrin entwickelte.

---

17 Rein ökonomisch gesehen, müsste das große Kapitalangebot zu schwächerer Nachfrage und sinkenden Kapitalpreisen führen. Dieser Effekt wird aber durch die steigende (Markt)Macht mehr als aufgehoben.

Am Vorabend des Ersten Weltkriegs lag das Verhältnis zwischen Volksvermögen und jährlichen Volkseinkommen nach Berechnungen von Thomas Piketty (in «Das Kapital im 21. Jahrhundert») in etwa bei eins zu sechs (in den USA deutlich tiefer). Was dies bedeutet, zeigt ein vereinfachtes Zahlenbeispiel. Bei einem Bruttoinlandprodukt von 100 Mrd. liegt das (ungleich verteilte) Volksvermögen bei 600 Mrd. Strebt dieses eine Rendite von zehn Prozent an (weniger als heutige Milliardäre im Durchschnitt erzielen), müssten 60 Mrd. vom Bruttoinlandprodukt, also fast zwei Drittel, für Zins- und Kapitalgewinne abgezweigt werden. Der Druck, der sich aus diesen Verhältnissen entwickelte, ließ die Mächte 1914 in einen Krieg aus nichtigem Anlass schlittern. Er wäre auch relativ schnell zu Ende gegangen, wenn die Regeln der Geldschöpfung nicht geändert und der Goldstandard zeitweilig außer Kraft gesetzt worden wären. Zudem betrat mit den USA eine neue Kraft die Geopolitik, die sich mit dem 1913 gegründeten privaten Federal Reserve System eine Zentralbank gab, deren Potenz durch die zu diesem Zweck eingeführte Einkommenssteuer zusätzlich erhöht wurde. Die USA versorgten die Entente mit Waffen und Kredit und griffen 1917 selbst entscheidend in die Kämpfe ein, obwohl US-Präsident Woodrow Wilson 1916 die Wiederwahl u. a. mit dem Slogan «he kept us out of war» gewann.

Einigermaßen ausgeglichene Vermögensverhältnisse ergaben sich jedoch erst mit dem Ende des Zweiten Weltkrieges, der von einigen namhaften Historikern zusammen mit dem Ersten Weltkrieg als dreißigjähriger Krieg verstanden wird. Nach dieser kolossalen Vermögensvernichtung konnte Europa wieder auf vergleichsweise gesundem Niveau beginnen. 1950 lagen die Vermögen in Großbritannien bei 250 Prozent des Jahresvolkseinkommens und in Frankreich bei 280 Prozent. Sogar ein Schuldenerlass fand statt, nämlich in Deutschland in der Gestalt der Währungsreform von 1948, die prompt zum Wirtschaftswunder führte.

Zum Ende des Zweiten Weltkriegs wurde jedoch mit einer weiteren gravierenden Änderung des Geldsystems die Saat für neue Konflikte gelegt. Weil der Vertrag von Bretton Woods aus dem Jahr 1944 für das ökonomische Verständnis unserer Generation von derart zentraler Bedeutung ist, muss seine Entstehungsgeschichte hier kurz erzählt werden. Man wird in ihr erkennen: Der Krieg ist der Vater allen Geldes.

Die Geschichte beginnt 1940, als Nazideutschland – das Kriegsglück noch auf seiner Seite – seine Vorstellungen der wirtschaftlichen Nachkriegsordnung präsentierte. Zentrales Element war die Bindung der Währungen der eroberten Staaten an die Reichsmark – die Idee der Leitwährung war geboren. Nicht mehr Gold sollte das Mass aller Dinge sein, sondern die Währung der siegreichen Nation. Dieses Konzept hätte es Deutschland ermöglicht, Ressourcen aus allen angeschlossenen Ländern abzuziehen und mit selbst geschöpften Reichsmark zu bezahlen. Der dreiste Vorstoß verlangte eine Antwort der Engländer. Sie beauftragten John Maynard Keynes mit einem Gegenentwurf. Keynes übernahm und verfeinerte das innovative Konzept einer globalen Buchwährung des jungen Ernst Friedrich («Fritz») Schumacher, der später als Autor von «Small is beautiful» weltberühmt werden sollte. Aber 1940 war Schumacher noch ein deutscher Flüchtling und hatte in einem englischen Internierungslager offenbar Zeit, Lösungen für die großen Weltprobleme auszudenken. Zentrale Elemente des Konzepts waren eine internationale Clearingstelle und die durch Gold gedeckte Verrechnungseinheit «Bancor», an die alle teilnehmenden Währungen gekoppelt werden sollten. Lieferungen zwischen den Ländern wären dabei in Bancor verrechnet und nicht mehr in nationalen Währungen oder in Gold bezahlt worden. Um stabile Verhältnisse herzustellen, hätte nicht nur Zins bezahlen müssen, wer zu stark ins Minus rutschte, sondern auch wer zu große Überschüsse erzielte. Genial!

Seine große Stunde sah Keynes gekommen, als die USA 1944 zu einer Konferenz nach Bretton Woods in New Hampshire einluden, um die globale Finanzordnung auf eine neue Basis zu stellen. Aber es kam anders. Der amerikanische Finanzminister Henry Morgenthau ließ nämlich bereits Ende 1941 durch seinen Berater, den ehemaligen Geheimdienstmann Harry Dexter White, ebenfalls eine wirtschaftliche Nachkriegsordnung skizzieren, auf der Basis der deutschen Idee einer Leitwährung, aber mit dem Dollar in dieser Rolle. Da mit erheblichem Widerstand zu rechnen war, wie Morgenthau in seinem

1978 veröffentlichten Tagebuch schrieb, griffen die USA in die unterste Schublade der diplomatischen Trickkiste – es herrschte ja Krieg, und da gelten andere Regeln. Verhandelt und vereinbart wurde gegen den Willen Großbritanniens die Wiedereinführung eines Goldstandards – die USA waren durch die beiden Weltkriege zum größten Goldbesitzer und zum bedeutendsten Gläubiger avanciert. Aber der definitive Text lag am Ende der Konferenz, dem 13. Juli 1944, als das Abschlussdokument unterschrieben wurde, noch nicht vor. «Wir, jeder von uns, mussten natürlich unterschreiben», schrieb Keynes später, «ohne dass wir zuvor die Gelegenheit gehabt hätten, eine saubere und zusammenhängende Abschrift lesen zu können. Das einzige, was wir je davon zu Gesicht bekommen hatten, war die gestrichelte Linie.»

Als den Teilnehmern ein paar Wochen später der bereinigte Vertrag zugestellt wurde, hatten die USA das Wort «Gold» durch «Gold oder US-Dollar» ersetzt, eine kleine Änderung mit weitreichenden Folgen. Die USA konnten damit faktisch Gold drucken, gegen das Versprechen, die gedruckten Dollars jederzeit in physisches Gold umzutauschen. Es war ein globaler monetärer Staatsstreich mit alchemistischen Mitteln. Was die Nazis ausgeheckt hatten und was von Keynes als «moderne Version einer an Sklaverei grenzenden imperialistischen Ausbeutung» bezeichnet wurde, konnten die USA nun verwirklichen.

In England schlugen die Wellen hoch; man sprach von Betrug und lehnte eine Ratifizierung ab. Aber Ende 1945 war das Land finanziell auf Grund gelaufen und brauchte dringend einen großen Kredit der USA, den diese nur gegen die Zustimmung zu den Verträgen von Bretton Woods gewährten.

Trotz allem reiste Keynes guten Mutes anfangs 1946 in die USA an die erste Konferenz zur Umsetzung der Verträge. Er freute sich, alte Freunde wiederzusehen und das Beste aus dem Abkommen zu machen. Doch die Atmosphäre war frostig und der Wille der USA zur Macht nicht zu brechen. Die letzten Hoffnungen von Keynes schwanden dahin. Noch auf der Rückreise erlitt er einen Herzinfarkt. Er kehrte als gebrochener Mann nach England zurück, wo er ein paar Monate später einem zweiten Infarkt erlag.

Die Idee einer nationalen Leitwährung kann nicht funktionieren, auch wenn sie von den USA, anstatt den Nazis durchgesetzt wurde. Und so fand sich die Welt schon bald in einem unlösbaren Problem, das 1959 als «Triffin-Dilemma» bekannt wurde, nach dem belgisch-amerikanischen Ökonomen Robert Triffin. Beim Triffin-Dilemma geht es um Folgendes: Damit der Dollar als Welthandels- und Reservewährung überhaupt funktionieren kann, muss er auch außerhalb der USA in genügender Menge vorhanden sein. Das ist nur möglich, indem sich die USA verschulden, d. h. mehr Waren importieren als exportieren und mit frisch gedruckten Dollars (ohne Deckung durch eigene Leistung) bezahlen. Auf der anderen Seite ist eine Währung nur stabil, wenn das Land, das sie herausgibt, eine ausgeglichene Leistungsbilanz ausweist. Man will mit seinen Dollars ja etwas kaufen können, aber ein verschuldetes Land kann nicht liefern. Das konnte keine Dauer haben. Die nächste Krise, die nächste Transformation des Geldsystems lag in der Luft. Und einmal mehr war es ein Krieg, der die Dinge ins Rollen brachte.

Es werde Geld

Die Möglichkeit, Gold zu drucken – eine triviale Form der Alchemie –, ist zu verführerisch, selbst für ein Land, das sich als Weltpolizist versteht und daher besonders hohe ethische Standards vorleben müsste. Neben dem exzessiven Konsum durch den *american way of life* war es vor allem der sinnlose und teure Vietnamkrieg, der die vertragliche Verpflichtung, den Dollar zum Kurs von 35 Dollar pro Unze in Gold zu tauschen, zunehmend verunmöglichte. 1960 hielten die USA Gold im Wert von 19,4 Mrd. Dollar, genug, um die 18,7 Mrd. Dollar in ausländischem Besitz zu decken. 1970 betrug das Verhältnis noch 14,5 zu 45,7 Mrd. Dollar. Es war vor allem das gaullistische Frankreich, das an der Zahlungsfähigkeit der USA zweifelte und Anfang August 1971 ein Kriegsschiff zur Eintreibung seiner Goldforderungen über den Atlantik schickte. Ein paar Tage später, am 15. August 1971, schloss Präsident Nixon das «Goldfenster», wie es in den monetären Geschichtsbüchern heißt. Im Klartext: Die USA brachen das Versprechen von Bretton Woods, ihre Papier- oder Girodollars jederzeit zum Kurs von 35 Dollar pro Unze in Gold zu tauschen. Das war das Ende von 2600 Jahren Geldgeschichte, in der unser Tauschmedium mehr oder weniger stark an einen universellen realen Wert gebunden war. Es begann die Ära des reinen Fiatgeldes (von lat. *fiat* = es sei, wie z. B. in *fiat lux* = es werde Licht)

Die Finanzwelt war zunächst ratlos. Wie sollte der Wert des Geldes definiert werden? Was tun? 1973 brach das System der festen Wechselkurse zusammen und es wurden flexible Wechselkurse eingeführt, mangels Alternative zunächst für ein Jahr zur Probe. Daraus ist ein Dauerzustand geworden – mit erheblichen Konsequenzen. Denn Geld wurde dadurch definitiv zu einer Ware, deren Wert sich nach Angebot und Nachfrage richtete. Das erzwang eine zunehmende Deregulierung des Kapitalverkehrs – wahre Preise brauchen freie Märkte.

Weil Geld jetzt nicht mehr nur Mittel zum Tausch von Waren und Dienstleistungen war, sondern selbst Ware wurde – wie die Zigaretten im Zweiten Weltkrieg –, konnten die Zentralbanken nicht mehr berechenbare Reserven halten, sondern mussten sich für schnell wechselnde Wetterlagen und spekulative Attacken wappnen. Wenn mit großen Krediten auf die Abwertung einer bestimmten Währung spekuliert wird, kann das betroffene Land den Angriff nur abwehren, wenn es über hohe Devisenreserven verfügt – oder Kredite erhält. Diese wurden vorzugsweise unter der Führung des Internationalen Währungsfonds (IWF) gewährt, der zu einer Notfallbank umgebaut wurde. Der IWF machte sogenannten «Strukturanpassungen» zur Kreditbedingung und zwang die Empfängerländer zum Abbau öffentlicher Leistungen, was ausländischen Privatunternehmen willkommene Chancen eröffnete. Diese Politik führte in vielen Ländern zu einem regelrechten Ausverkauf von öffentlichem Vermögen und manchmal auch zu einem normalen Krieg mit Bomben, Blut und Beute, wie Ernst Wolff in seinem Buch «Weltmacht IWF – Chronik eines Raubzugs» (Tectum Verlag, 2015) zeigt.

Als Folge der ungeregelten Geldschöpfung und der Auflösung der Goldparität des Dollars ließ die aufgestaute Inflation in den 1970er Jahren alle wichtigen Welthandelspreise steigen. Der Preis von Gold verzwölffachte sich bis 1979, der Dollar sank gegenüber allen wichtigen Währungen. Er wäre noch viel tiefer gefallen, doch dem damaligen Außenminister Henry Kissinger gelang am 9. Juni 1974 ein epochaler Coup. An diesem Tag unterzeichneten die USA und Saudi-Arabien eine Vereinbarung, die Saudi-Arabien verpflichtete, Öl nur noch gegen Dollar zu verkaufen. Mit den Dollars würden die Saudis Waffen und US-Staatspapiere kaufen, sodass das Geld in die USA zurückfloss und es den Amerikanern überdies erlaubte, das Staatsdefizit weiter hochzufahren. 1975 wurde der Dollar als alleinige Ölhandelswährung auf die ganze Organisation der Erdöl exportierenden Länder (OPEC) ausgedehnt. Der Deal, in krassem Widerspruch zu den Prinzipien des freien Handels, machte den Dollar auf einen Schlag wieder zur Reservewährung, die jeder Staat und jede Zentralbank im Portefeuille haben wollte. Denn Öl brauchte man immer, und darum auch Dollar.

Die Beschränkung des Ölhandels auf den Dollar ist bis heute ein zentraler Bestandteil der Dollar-Hegemonie, die mit äußerster Schärfe verteidigt wird, wie die Kriege und Sanktionen gegen den Irak, gegen Syrien, Libyen, Iran, Russland oder Venezuela zeigen. Sie alle begingen die Todsünde, ihr Öl auch gegen andere Währungen zu verkaufen.

Nach den inflationären 1970er Jahren des Umbruchs erhöhte die Fed, die amerikanische Zentralbank unter der Führung von Paul Volcker (der früher für die Bank der Rockefellers, die Chase Manhattan gearbeitet hatte) den Leitzins innert kurzer Zeit bis auf 20 Prozent, um die USA für den Dollar wieder attraktiv zu machen. Um gewinnbringend zu bleiben, mussten die Unternehmen den Zinsdruck an die Arbeitnehmer weitergeben können, wofür die sogenannte «Reagan-Revolution» und der «Big Bang» von Margaret Thatcher die neoliberalen Voraussetzungen schufen, die sich in der Folge zum globalen Standard entwickelten, auch unter sozialdemokratischen Regierungen wie denjenigen von Tony Blair und Gerhard Schröder. Wenn 1971 das Jahr der Wende mit der Aufhebung des Goldstandards war, dann sind die 1980er das Jahrzehnt, in dem sich das einstmals langweilige Bankgeschäft von der Realwirtschaft zu lösen begann und mit neuartigen Finanzprodukten – Derivaten – in ganz neue Gewinnsphären vorstieß.

Die wachsende Globalisierung der Finanzmärkte ermöglichte es den großen Banken, sich den nationalen Gesetzen und den Kontrollen der Zentralbanken zu entziehen. Statt sich das Geld von den Zentralbanken gegen Sicherheiten leihen zu müssen, beschafften die Banken es sich durch Ausleihe untereinander – eine Art Eigenproduktion – und bezahlten mit neuartigen Finanzprodukten. Dies ermöglichte die Abkoppelung von den traditionellen Geldlieferanten (Sparer und Anleger). Und schließlich lernte die Finanzbranche, wie sich das bereits angelegte Geld zurückholen und neu investieren ließ. Man musste die Kredite nur zu handelbaren Papieren verbriefen und verkaufen.[18]

«Im Jahre 1980 erwirtschaftete der Finanzsektor in den USA rund zehn Prozent aller Unternehmensgewinne», schreibt David Stelter in seinem Buch «Die Schulden im 21. Jahrhundert». «Vor der Finanz-

---

18 Nach Wilhelm Hankel/Robert Isaak: Geldherrschaft – ist unser Wohlstand noch zu retten? 2011. S. 53 - 55

krise waren es beeindruckende 40 Prozent und nach einem deutlichen Einbruch haben sich die Werte wieder auf 30 Prozent erholt.»

Der Gewinn der einen ist jedoch der Verlust der anderen: Seit den 1980er Jahren sinken die Durchschnittslöhne in den USA, in Europa etwas verzögert. Die Arbeitszeiten steigen wieder. Viele brauchen mehrere Jobs. Und während Paare in den 1950er Jahren zusammen fünf bis sechs Tage pro Woche arbeiteten, sind es heute eher sieben oder acht Tage.[19]

Die Ungleichheit ist in den meisten Ländern rapide gewachsen und hat heute wieder Werte wie bei Ausbruch des Ersten Weltkriegs erreicht, wahrlich kein beruhigendes Signal.

Der Gewinn der Banken ist aber auch der Verlust der Realwirtschaft. Traditionelle Unternehmer («Realkapitalisten») machen ihren Gewinn auf Gütermärkten und brauchen stabile Wechselkurse, Zinssätze und Rohstoffpreise. Beim Finanzkapital ist es umgekehrt: Je mehr Bewegung, desto höher die Gewinnchancen. Und wenn sich in der riesigen Finanzblase leichter Gewinn erzielen lässt, dann wandert das Geld eben dorthin und nicht in die Realwirtschaft, wo mit Fleiß, Schweiß und Erfindungsreichtum gearbeitet werden muss.

Mit den neuen, schier unerschöpflichen Gewinnquellen verkehrten die Banken ihren Sinn und Zweck ins Gegenteil: Anstatt der Realwirtschaft zu dienen, muss diese nun dem Finanzsektor dienen. Und damit sie nicht ausschert, dafür sorgt eine magische Zahl, die – schon wieder – für einen Krieg erfunden wurde.

19 Rutger Bregman: Utopien für Realisten. Rowohlt, 2019, S. 137

Alles ist gut, auch das Schlechte

Wie wäre eigentlich der logische Gang der Wirtschaft? Wir würden produktiver, müssten also weniger arbeiten. Wir würden perfekter, müssten somit die Natur weniger ausbeuten. Wir hätten mehr und bräuchten weniger. Aber das Gegenteil ist der Fall: Wir sind zwar produktiver, arbeiten aber trotzdem mehr. Wir perfektionieren laufend, beuten aber nicht nur die Natur, sondern auch uns selbst immer mehr aus. Und wir haben mehr als genug und brauchen dennoch immer mehr. Ein Rätsel! Oder doch eher ein Zwang?

Es ist natürlich der innere Zwang zur Geldvermehrung, der hier wirkt. Aber weil wir nicht freiwillig noch mehr arbeiten, noch mehr zerstören und noch mehr kaufen wollen und dafür außerdem mit Kredit bezahlen sollen, müssen wir dazu getrieben oder – noch schlauer – verleitet werden. Diesen magischen Trick schafft eine Zahl, die fast niemand versteht, aber an die fast alle glauben: das BIP, das Bruttoinlandprodukt, die Summe aller Güter und Dienstleistungen einer Volkswirtschaft, egal wie nützlich, schädlich oder überflüssig sie sind, abzüglich der Zwischenprodukte. Wenn zum Beispiel ein Mann gegen Bezahlung ein Loch gräbt und ein anderer es laufend auffüllt (gegen Lohn), dann steigt das BIP gleich zweimal, obwohl alles gleich bleibt. Wenn die beiden ob der sinnlosen Rackerei krank werden und ein Arzt kommt, wächst das BIP schon wieder. Und wenn sie schließlich am Ende sind und von einem Irren erschossen werden, legt auch das BIP zu, dank der Waffe, die ja hergestellt werden musste. «Absurdes Beispiel!» denken Sie vielleicht. Es geht auch ganz konkret: Die einen stellen Abfall oder Dinge her, die so überflüssig sind, dass sie praktisch sofort zu Abfall werden, wenn sie es nicht schon sind. Die anderen entsorgen ihn. Weil das keine besonders gesunde Arbeit ist, müssen sie mehr zum Arzt. Und schließlich gibt es an manchen Orten bereits Umweltrevolten (von denen man in den Medien allerdings kaum etwas erfährt), die bekämpft werden müssen. Alles steigert das BIP.

Das BIP und vor allem sein Wachstum ist der heilige Gral der Ökonomen und Politiker, der über Wohl und Wehe ganzer Nationen bestimmt. Es erscheint zwar als harte Zahl mit unausweichlicher Wirkung, aber es ist ein komplexer und subjektiver Wert, dessen Berechnung selbst viele Ökonomen nicht verstehen, geschweige denn die Politiker, die ihn durchsetzen müssen und deren Wahl von seinem Ergebnis abhängt. Die erste Leitlinie der UNO zu seiner Berechnung 1953 umfasste knapp 50 Seiten; die letzte Ausgabe von 2008 ist ein Wälzer von 772 Seiten.

Seine Ermittlung erfordert eine Menge subjektiver Entscheidungen, wie sich allein schon am Beispiel der Bildung und des Gesundheitswesens zeigt: Ist ein gebildeter Mensch ein Produkt oder jemand, der Produkte erst herstellen kann? Ist die Heilung eines Menschen ein Mehrwert oder bloß die Wiederherstellung eines Werts, der z. B. durch ungesunden Industrie-Food (gut fürs BIP!) verloren ging? Und warum um Himmels willen sollen die Risiken einer Bank zum BIP beitragen? «Hätte man das Bankwesen vom BIP abgezogen, anstatt es dazuzurechnen», hieß es vor Kurzem in der *Financial Times*, «so wäre es möglicherweise nie zur Finanzkrise gekommen».[20]

Schon der russisch-amerikanische Ökonom Simon Kuznets, der das BIP (damals noch als Bruttonationaleinkommen) 1933 erfand, warnte vor Rückschlüssen auf das Wohlergehen eines Landes und wandte sich gegen die Aufnahme der Militärausgaben, der Werbung und des Finanzsektors in die Berechnung. Aber genau das geschah. Obwohl Rüstung keinen Nutzen bringt, Werbung nur dem Verkauf von Hergestelltem zu höheren Preisen dient und der Finanzsektor bloß Werte verschiebt und nicht schafft.

«Es ist unbestreitbar, dass das BIP in Kriegszeiten sehr nützlich war, als der Feind vor der Tür stand und das Überleben eines Landes von der Industrieproduktion abhing, d. h. seiner Fähigkeit, möglichst viele Panzer, Kampfflugzeuge, Bomben und Granaten herzustellen», schreibt der junge niederländische Historiker und Journalist Rutger

---

20 Zitiert nach Rutger Bregman: Utopien für Realisten. Rowohlt, 2019, S. 108. Rutger Bregman setzt sich in seinem gut geschriebenen Buch für Arbeitszeitreduktionen und ein bedingungsloses Grundeinkommen ein, blendet aber die Umverteilung durch die Mechanismen des Geldsystems vollkommen aus. Er funktioniert damit als Sprachrohr einer Elite, die mit dem Grundeinkommen die bestehenden Macht- und Besitzverhältnisse erhalten wollen. Interessantes Buch, aber nur mit Vorsicht zu genießen.

Bregman (*1988). «In Kriegszeiten ist es durchaus vernünftig, Kredit bei der Zukunft aufzunehmen. Im Krieg ist es sinnvoll, die Umwelt zu verschmutzen und sich zu verschulden. Es kann sogar richtig sein, seine Familie zu vernachlässigen, die Kinder zur Arbeit in eine Fabrik zu schicken, die Freizeit zu opfern und alles zu vergessen, was das Leben lebenswert macht.»[21] Das BIP ermöglichte denn auch den USA den Aufbau einer enormen, privatisierten Kriegswirtschaft, und das ist bis heute so geblieben.

Um eine komplexe Sache auf einen einfachen, aber realistischen Punkt zu bringen: Das BIP misst alles, wofür es sich irgendwie lohnt, einen Kredit aufzunehmen, also einen Gewinn zu erzielen oder eine Bedrohung abzuwenden, wofür sich der Staat verschulden darf. Sein Wachstum ist deshalb von größter Bedeutung für den Fortbestand unseres Geldsystems und wird aus diesem Grund von den «Märkten» und den Politikern in ihrem Gefolge mit größter Härte durchgesetzt.

Die Fixierung auf das BIP ist eine Katastrophe für die Welt. Damit wir das nicht merken, wo wir besonders empfindlich sind, beim Kontostand nämlich, dafür sorgt eine zweite vergiftete Zahl, die alle volkswirtschaftlichen Berechnungen verfälscht: der Index der Konsumentenpreise, maßgebend für die Festlegung von Renten, Löhnen, Mieten und anderen essenziellen Preisen. In einem System, in das ständig mehr Gelder fließen als Güter produziert werden, müssten die Güter teurer werden und sich die Geldvermögen im Realwert verringern. Das wäre für die Mehrheit der Bevölkerung fatal und für die Politiker mindestens gefährlich, die ja von dieser Bevölkerung gewählt werden wollen. Also muss der Geburtsfehler unseres Geldsystems kaschiert werden. Genau das tut der Preisindex (der vermutlich aus ehrbaren Gründen erfunden wurde).

Der Index «misst die Preisentwicklung anhand des sogenannten Warenkorbes, welcher die wichtigsten von den privaten Haushalten konsumierten Waren und Dienstleistungen beinhaltet», schreibt das Bundesamt für Statistik. Aber während «alkoholische Getränke und

---

21 a.a.O., S. 118

Tabak» als eine der «zwölf wichtigsten Ausgabenkategorien» gelten, werden die wirklich wichtigen Preise für Miete, (Kranken-)Versicherungen oder Gebühren nicht erfasst. Aus der Berechnung fallen auch Immobilien, für die volkswirtschaftlich höchst relevante Preise bezahlt werden, oder Wertpapiere, die für den zukünftigen Wert der Vermögen ausschlaggebend sind. Hier haben in den letzten Jahren und Jahrzehnten gewaltige Preissteigerungen zum Vorteil der Vermögenden stattgefunden.

Die Messung der Preise erfolgt also auf eine Art, die nicht nur relative Stabilität vorgaukelt, sondern die einen kleinen Teil der Bevölkerung enorm bevorteilt. Hätten die steigenden Immobilienpreise nämlich den Index in die Höhe getrieben, hätten auch die Löhne und Renten zulegen müssen.

Die Berechnung enthält zudem einen Systemfehler. Da nicht alle Preise gleich wichtig sind, werden sie gewichtet. Logisch: Höhere Preise beim Champagner sollen sich nicht so stark auswirken wie die von Brot. Steigt nun der Preis eines Produktes, wird es weniger nachgefragt und sein Einfluss auf den Index sinkt, während billigere Produkte mehr nachgefragt werden und an Einfluss gewinnen. Der Index ist jedoch blind für diesen Umsteigeeffekt. Ein hypothetisches Beispiel: Wenn eine Bevölkerungsmehrheit aufgrund von Preissteigerungen nur noch Wasser und Brot konsumiert anstatt Butter und Käse, steigt der Einfluss der (billigen) Preise von Wasser und Brot, und der Index bleibt tief.

Die Preisindizes werden unter diesen Einflüssen immer mehr zu einem *cost of living index* (COLI). Das ist wohl durchaus erwünscht, denn ein Index der Lebenshaltungskosten versteckt die zunehmende Prekarisierung. Man gibt zwar gleich viel Geld aus – es herrscht berechnete Preisstabilität –, aber man erhält weniger dafür.

Wie weit die Verfälschungen gehen, darüber sind sich Kritiker der offiziellen Methoden uneinig. Die Schätzungen der Inflationsrate dürfte zwischen dem Doppelten und dem Vierfachen der offiziellen Werte liegen.

Wenn das BIP, der Preisindex und viele andere illusionäre Indizes nur akademische Fingerübungen wären, ginge das noch. Aber sie werden auf allen Stufen vom Dorf bis zur Staatengemeinschaft von Armeen von Ökonomen berechnet und durchgesetzt. Während die US-Regierung Anfang des 20. Jahrhunderts einen einzigen Ökonomen beschäftigte, arbeiteten 40 Jahre später rund 5000 Ökonomen allein beim National Bureau of Economic Research.[22] Von den USA ausgehend hat sich die illusionäre mathematische Ökonomie über den ganzen Erdball ausgebreitet und alles, was für den Menschen und seine Gemeinschaften wichtig ist, in eine Tabellenkalkulation verwandelt und dem Diktat des Geldes unterworfen. Der Befehl des Geldes lautet: Die Gewinne müssen erhöht werden, auch wenn dazu alle Grenzen überschritten werden müssen. Das geeignete Mittel dazu war DDT.

---

22 a.a.O., S. 115

Grenzenloser Gewinn

Zugegeben, es ist unfair aber wirkungsvoll, die Globalisierung mit dem berüchtigten Umweltgift DDT in Verbindung zu bringen, das sich über die langen Nahrungsketten von den Feldern bis in die Tiefen der Ozeane verbreitet hat. Aber die Befreiung des Kapitals und seines Wachstumszwangs von nationalen Grenzen und Standards geht tatsächlich auf die «Dunkel Draft Treaty» zurück, benannt nach dem schweizerischen Generaldirektor des «General Agreements on Tariffs and Trade» (GATT), Arthur Dunkel. Unter seiner Ägide wurden in der sogenannten Uruguay-Runde (1986 bis 1994) die Regeln der Globalisierung formuliert. Als die Verhandlungen hinter verschlossenen Türen zu scheitern drohten, brachte er seinen eigenen Vorschlag ein – informell DDT –, der sich schließlich durchsetzte.

Die Globalisierung ist eine Ideologie mit massiver Wirkung auf praktisch sämtliche menschlichen Tätigkeiten. Sie hat uns zwar einigen Wohlstand gebracht, vor allem billige Produkte, aber auch Ausbeutung ohne Grenzen, Umweltschäden, Einschränkung der Souveränität und Steuerverluste in Billionenhöhe.

Wie konnte es nur so weit kommen? Begonnen hat dieses Verderben, wie viele andere auch, mit einem kleinen verführerischen Glück – billigere Produkte – und einer Theorie aus einer Zeit, als gelangweilte reiche Engländer, die nichts Besseres zu tun hatten, von ihrem Landsitz aus die Welt erklärten. 1817 legte David Ricardo (1772–1823), der an der Londoner Börse reich geworden war und sich als Gelehrter aus dem Erwerbsleben zurückgezogen hatte, mit seiner Theorie des komparativen Kostenvorteils die intellektuellen Grundlagen des Freihandels, die bis heute unanfechtbar gelten, obwohl sie, wie wir gleich sehen werden, erhebliche Fehler enthalten.

Was sagt die Theorie des komparativen Kostenvorteils? David Ricardo beschreibt sie anhand eines fiktiven Beispiels aus der Tuch- und der Weinproduktion in England und Portugal. In England erfordert die Produktion von 1000 Rollen Tuch 100 Arbeiter und von 1000 Fässern Wein 120 Arbeiter, in Portugal dagegen 90 Arbeiter für 1000 Rollen Tuch und 80 Arbeiter für 1000 Fässer Wein. Obwohl Portugal in beiden Kategorien über einen absoluten Kostenvorteil verfügt, lohnt es sich für das Land, sich auf die Weinproduktion zu spezialisieren, das Weben den Engländern zu überlassen und das Tuch von ihnen zu importieren. Warum? In Portugal ist die Produktion von Wein effizienter als die von Tuch, und in England ist es umgekehrt. Die Portugiesen können offensichtlich mehr Geld verdienen, wenn sie die Weber in die Weinberge schicken.

Der komparative Kostenvorteil ist eine Theorie und beruht nicht auf Beobachtung und Erfahrung. Sie funktioniert nur unter bestimmten Annahmen und unter Vernachlässigung bestimmter Effekte, also nur im Sandkasten. Das ist trotz ihrer enormen Wirkung ihre entscheidende Schwäche.

Der erste Denkfehler Ricardos besteht darin, dass die wesentlichen Kosten der Produkte des Welthandels nicht aus Manntagen bestehen, die zwar weltweit vergleichbar wären, aber seit der babylonischen Tempelbuchhaltung nicht mehr als Zahlungsmittel verwendet werden. Löhne werden in Geld bezahlt, und die Unterschiede in den weltweiten Lohnkosten waren schon zu Ricardos Zeiten, als noch Sklaven gehalten wurden, erheblich.

Wenn die Portugiesen viel Wein, mit dem sie hohe Profite erzielen, nach England liefern, machen sie mehr Gewinn als umgekehrt die Engländer, die ihr Tuch ja weniger kosteneffizient produzieren. Es müsste also netto Geld von England nach Portugal fließen. Preise und Löhne steigen in Portugal, während sie in England fallen, das dadurch konkurrenzfähiger wird. Im Sandkasten – aber ganz selten in der Praxis – harmonisieren sich dadurch die Produktionskosten in den beiden Ländern. In der Regel verschärfen sich die Unterschiede.

Ein weiterer Faktor, den Ricardo nicht auf der Rechnung hatte, ist die Tatsache, dass viele Gewinne nicht ausgegeben, d. h. wieder in den Wirtschaftskreislauf gebracht, sondern zinstragend angelegt werden, also Mittel extrahieren. Mit dem Konsum steigen Löhne und Lebensstandard, während die leistungslosen Kapitalgewinne die Löhne schmälern und den Konsum beschränken. Wenige werden reicher, viele ärmer.

Ein entscheidender Mangel des Sandkastenmodells von David Ricardo ist die Vernachlässigung der Akteure. In Ricardos Beispiel sind England und Portugal virtuelle staatliche Subjekte, die zum Wohl ihrer Einwohner handeln. In Tat und Wahrheit bestehen die Akteure aber aus Unternehmen, denen der Sinn vornehmlich nach Gewinnmaximierung steht. Wenn ihr Geld anderswo mehr Profit verspricht, wandert es dorthin, und die produktive Harmonie zwischen den portugiesischen Winzern und den englischen Webern ist im Eimer. Heute sind die Akteure multinationale Konzerne, die von der Produktion bis zum Absatz die ganze Verwertungskette kontrollieren und über ihre Lobbys und ihre Finanzmacht Steuern umgehen und den Wettbewerb zu ihren Gunsten einschränken. Denn dauerhafte Gewinne markant über den Produktionskosten lassen sich nur bei eingeschränktem Wettbewerb erreichen.

«Der Kapitalismus ist keine Wirtschaft, in der private Akteure dann hohe Gewinne machen, wenn sie besonders hohe persönliche Risiken eingehen», schreibt Sahra Wagenknecht. «Vielmehr werden gerade dort die höchsten Gewinne erzielt, wo das Risiko aufgrund der Marktverfassung – wenige Konzerne dominieren, Newcomer haben kaum eine Chance – eher gering ist, der Staat den Unternehmen in vielerlei Hinsicht unter die Arme greift und ihren Eigentümern ein Gutteil des Risikos abnimmt.»

Die Globalisierung erfordert drei Freiheiten, damit die Konzerne dort arbeiten lassen, wo die Löhne niedrig sind und dort verkaufen können, wo die Löhne hoch sind: den freien Verkehr von Kapital, Gütern und Dienstleistungen. Diese Rechnung kann eine Weile durchaus aufgehen. Aber wenn es dort, wo zu Beginn viel verdient wird, keine Arbeit mehr gibt, oder dort, wo die Kosten niedrig sind, die Löhne nicht steigen, ist das Spiel zu Ende. An diesem Punkt stehen wir heute.

Die EU hat deshalb als politische Union eine vierte Freiheit eingeführt, den freien Personenverkehr. Mit ihr können die Menschen aus Niedriglohnländern in die reichen Zonen wandern, die durch sinkende Löhne wieder konkurrenzfähiger, wenn auch ärmer werden. In David Ricardos Universum würden dann mit der Zeit auf der ganzen Welt dieselben Löhne gezahlt. Aber nur schon der europä-

ische Sandkasten zeigt, dass dies nur unter Aufgabe der Souveränität – im Klartext: der Abschaffung der Demokratie – möglich ist. So
schön die Vision einer Welt gleicher Löhne ist, benachteiligt ist von
dieser Form der Umverteilung die arbeitende Bevölkerung, während
die Vermögenden ihren Besitzstand ausbauen.

Das ist keine Drohkulisse, sondern die zwingende Folge der wirtschaftlichen Globalisierung, wie der Vordenker des Neoliberalismus,
Friedrich August von Hayek, 1976 schrieb: «Die Abschaffung souve-
räner Nationalstaaten und die Schaffung einer wirksamen internationalen Rechtsordnung sind die notwendige Ergänzung und logische
Vollziehung des liberalen Programms.»

Dieses neoliberale Programm duftet zwar nach Freiheit, aber es ist
die Freiheit des Geldes, sich des Menschen und seiner Gemeinschaften zu bemächtigen. Mit anderen Worten: Es stinkt nach Zwang. Und
dieser ist daran, die letzten großen Hürden zu beseitigen.

Trojanisches Geld

Dies ist kein Geldbuch. Aber um sich vom Zwang des Geldes zu befreien, muss man den grundlegenden Mechanismus seiner Selbstvermehrung verstehen, der nur ein Ziel kennt: die Totalverschuldung von allem. Geld, wie es heute konstruiert ist, besteht aus unbezahlbaren, stetig wachsenden Schulden – ein Vorgriff auf eine Zukunft, die nie eintreten kann, weil sie schon aufgebraucht ist.

Aktuell liegen die Schulden dieser Welt nach Berechnungen des Institute of International Finance bei 244 Bio. Dollar[23], das Dreifache des Welt-BIP von rund 85 Bio. Dollar. Nicht eingerechnet sind die Schulden unbekannten Umfangs von Spezialgesellschaften, mit denen Banken, Staaten und Unternehmen unerfüllbare Forderungen aus den Bilanzen schaffen, um noch einigermaßen gut dastehen zu können. «Das Außerbilanzgeschäft ist gigantisch», schreibt Marc Chesney, Professor für Quantitative Finance und Chef des Departements Banking and Finance der Universität Zürich. «Bei der UBS und der Credit Suisse ist es um ein Vielfaches größer als das reguläre Geschäft, das in ihren Bilanzen erscheint. Wie groß es genau ist, weiß man nicht.»

Nicht eingerechnet sind auch die impliziten Schulden, vor allem Verpflichtungen der Sozialversicherungen, die erst noch fällig werden. Auch darüber weiß man nichts Genaues. Die Schätzungen bewegen sich um die Hälfte der expliziten Schulden.

Nicht einberechnet in dieser Berechnung sind schießlich die Forderungen in der Derivatblase im Umfang zwischen 630 Billionen und 1,2 Billiarden, die sich zum Teil gegenseitig aufheben, aber mit enormer Wucht auf die Märkte niederprasseln können. Die Finanzkrise von 2008 wurde von einer einzigen Derivatkategorie ausgelöst, den hypothekenbesicherten Wertpapieren.

Fazit: So tief das Schuldenloch auch sein mag, es ist tiefer als man sehen kann. Mit Fleiß und Sparsamkeit ist dieser Falle nicht zu entkommen, selbst in ihrem geschönten Zustand. Um allein die explizi-

---

23 www.bloomberg.com/news/articles/2019-01-15/global-debt-of-244-trillion-nears-record-despite-faster-growth

ten Schulden zu tilgen, müssten wir drei Jahre bei Wasser und Brot arbeiten. Dabei würde selbstverständlich auch das BIP zusammenbrechen, denn ohne Konsum gibt es auch keine Wertschöpfung und ohne Wertschöpfung keine Tilgung.

Könnten wir diese Schulden wenigstens bezahlen, wenn wir alles Geld auf allen Konten und unter allen Matratzen zusammenkratzten? Auf der Welt gibt es 7,6 Billionen Dollar in gesetzlichen Zahlungsmitteln – das Geld der Zentralbanken, für uns in Form von Münzen und Banknoten (Geldmenge M0). Die Geldmenge auf den Konten, das von den Banken selbst hergestellte private «Geld» (eine sofort fällige Forderung auf die Aushändigung von gesetzlichem Zahlungsmittel), liegt bei weiteren 29,2 Billionen, also zusammen 36,8 Billionen (Geldmenge M1)[24]. Das ist das Geld, mit dem man bezahlen kann. Die Schulden liegen also sechsmal höher als die Geldmenge – Bezahlung unmöglich!

Und wenn wir allen Besitz dieser Welt verkaufen würden? Gemäß dem neusten Global Wealth Report der Credit Suisse von 2018 liegt das globale Vermögen, bestehend aus Geld, Wertpapieren und Realvermögen (namentlich Immobilien) bei 317 Billionen Dollar, wobei der Zuwachs von 4,6 Prozent wie schon in den Vorjahren vor allem auf Preissteigerungen und nicht auf Wertschöpfung zurückgeht. Immerhin: Es gäbe genug, um die Schulden zu tilgen. Aber was geschieht, wenn die Schuldner dieser Welt ihr Vermögen gegen Geld tauschen und damit Schulden abbezahlen? Erstens sacken die Preise zusammen (viele Vermögenswerte und wenig Geld) und zweitens wandert das Geld zu den großen Vermögensverwaltern, die es erst wieder hergeben, wenn sie einigermaßen sicher sein können, mehr dafür zurückzuerhalten. Im kleinen Maßstab hat das Griechenland erlebt, das seine produktiven Vermögenswerte zum Schnäppchenpreis hergeben musste und jetzt für fremden Gewinn darben darf. Im sehr großen Maßstab, aber außerhalb unserer Wahrnehmung, ist dies mit den Ländern des globalen Südens geschehen.

---

24 Die Berechnung ist reichlich kompliziert. Die zitierten Zahlen stammen von «The Money Project und stützen sich auf Angaben der CIA und des IWF aus dem Jahr 2015. www.visualcapitalist.com/worlds-money-markets-one-visualization-2017/

Fazit: Die Welt ist faktisch pleite und müsste eigentlich ein Konkursverfahren durchführen. Weil es dafür keine Gesetze gibt und vor allem weil sich durch die (an sich strafbare!) Konkursverschleppung noch ordentlich Geld verdienen lässt, wird ein solches Verfahren mit allen Mitteln verhindert bzw. hinausgezögert. Das wissen natürlich nicht nur Sie als Leserinnen und Leser dieses Buches, sondern auch die Finanzeliten, in deren Thinktanks über die Verlängerung dieses unseligen Spiels nachgedacht wird – mit bemerkenswerter Kreativität und einer guten Portion krimineller Energie.

Ihr Instrument erster Wahl ist der Negativzins, wie ihn manche Zentralbanken seit einiger Zeit anwenden und fast alle ins Auge fassen. Der Negativzins ist die zwingende Folge unseres Geldsystems: Wenn Geld als Kredit geschöpft wird, der mit Aufpreis zurückgezahlt werden muss, dann müssen immer mehr Kredite vergeben werden, damit genügend Geld zur Amortisation da ist. Dies wird mit zunehmender Sättigung der Märkte immer schwieriger. Wenn das Wachstum sinkt, müssen auch die Zinsen gesenkt werden, es sei denn die Verhältnisse würden durch Krisen, Kriege und Konkurse (eine Vernichtung von Schulden) wieder ins Lot gestellt. Dies wird jedoch von Institutionen wie dem *Financial Stability Board* am Sitz der Bank für Int. Zahlungsausgleich (BIZ) oder dem *Plunge Protection Team* des Federal Reserve Systems tunlichst vermieden. Denn in diesem fragilen System kann auch der Zusammenbruch einer kleineren Investmentbank wie Lehman Brothers zu einer verheerenden Kettenreaktion führen, die selbst die Leute an den globalen Schalthebeln aus dem Tritt bringt.

Der Negativzins erleichtert also die Kreditaufnahme und die Erhöhung der Geldmenge. Bereits heute bieten Banken Kredite mit bis zu zehn Prozent Negativzins an (Solaris Bank in Berlin) – 1000 Euro erhalten, 900 zurückzahlen. Während sich dieses Angebot wie ein Lockvogel ausnimmt, vergibt die Jyske Bank, das drittgrößte Institut Dänemarks, als erste Bank der Welt Hypotheken zu einem Zins von minus 0,5 Prozent.[25] Wer sich für eine Million mit geschenktem Geld

25 The Guardian: Danish bank launches world's first negative interest rate mortgage, 13. Aug. 2019, www.theguardian.com/money/2019/aug/13/danish-bank-launches-worlds-first-negative-interest-rate-mortgage

ein Haus kauft, schuldet nach 50 Jahren kostenlosem Wohnen und ohne Amortisation noch 778 310, Bankgebühren nicht eingerechnet. Wer will da noch blöd sein?

Da unendliches Wachstum in einer endlichen Welt nicht möglich ist, produziert das meiste neue Geld Wachstum ohne Wachstum. Das heißt, es kommt nicht der Realwirtschaft zugute, sondern wandert zum überwiegenden Teil direkt in die Finanzwirtschaft und sorgt damit für einen Anstieg der Wertpapier- und Immobilienpreise. An den Kursen gemessen scheint die Wirtschaft in Ordnung – man kann unbesorgt weiterspielen. Davon profitieren alle, die ihr Vermögen in Wertpapieren oder Immobilien halten.

Wer weniger reich ist – die große Mehrheit der Bevölkerung – und sein Vermögen in Form von Bankguthaben hält, wird bestraft. Der Negativzins reduziert die Vermögen laufend. Das ist gut für die Banken, denn die Guthaben der Sparer sind ihre Schulden. Sie müssen ihnen gesetzliches Zahlungsmittel herausrücken, von dem sie wenig in Reserve halten. Der Negativzins wirkt dadurch wie ein schleichender, längst fälliger Schuldenerlass, allerdings nur für die Banken. Wir, das gläubige Publikum, sind die Geprellten.

Was aus Sicht der Banken und der hochverschuldeten Staaten und Konzerne wie eine brillante Idee aussieht, hat allerdings einen großen Haken: Es zerstört das Geld, das virtuelle, aber hochwirksame Fundament der Macht. Warum? Wenn man Geld umsonst kriegt (Nullzinsen) oder sogar noch dafür bezahlt wird, welches auszugeben (Negativzinsen), dann werden die Wirtschaftsakteure, die sich für den Geldsegen qualifizieren (die schon genug davon haben), genau das tun: Sie werden Geld ausgeben, ohne dafür produktiv zu werden. Sie werden einfach zusammenkaufen, was nicht gerade wie ein Nonvaleur aussieht und selbst die Preise für Junk in die Höhe treiben, was in den elf Jahren seit Ausbruch der Finanzkrise ja auch geschehen ist. Geld wird damit für die unteren Schichten zunehmend unerreichbar und daher nutzlos. In den USA leben bereits knapp 15 Prozent der Bevölkerung von Essensmarken (food stamps). Umgekehrt sieht es bei den oberen Schichten aus: Da herrscht seit Jahren der von vielen Investoren beklagte «Anlagenotstand». Fazit: Mit Negativzinsen schafft sich das Geld – Motor, Maßstab und Vorrat der Wirtschaft – ab.

Wie stark die Zinsen sinken müssten, um den Schuldenberg einzuebnen, ist eine offene Frage. Es gibt keine ökonomische Lehre der Negativzinsen, sagt der Ökonom und Historiker Michael Hudson, Professor an der University of Missouri, Kansas City, der Schuldenerlasse seit den Sumerern untersucht hat. Um wirklich wirksam zu werden, müssten Negativzinsen seiner Ansicht nach auf minus 25 Prozent pro Jahr fallen.[26]

Es gibt auch wesentlich schärfere Methoden: Um die Staatshaushalte auf das vom Maastrichter Vertrag geforderte Niveau zu bringen, hat der IWF bereits 2014 eine Vermögensabgabe von zehn Prozent in der Eurozone vorgeschlagen (im Umfang von 3,85 Billionen Euro). Die doch ziemlich massive Enteignung wird sogar von der konservativen Deutschen Bundesbank unterstützt.

Den Negativzinsen und der Vermögensabgabe steht allerdings ein großes Hindernis im Weg: das Bargeld. Für Prof. Gerald Mann und Ulrich Horstmann, Autoren des Buches «Bargeldverbot» ist klar, dass ein Bargeldverbot nur Sinn macht, um Negativzinsen durchzusetzen und einen Bankrun zu verhindern.

Zur Abschaffung des Bargeldes wird zum einen intensiv für seinen Ersatz durch elektronische Zahlungsmittel geworben – «smart&easy». Besonders erfolgreich ist die Kampagne in den Ländern des globalen Südens, wo sich Citigroup, USAID und die Bill&Melinda Gates-Stiftung mit Telefongesellschaften zusammengetan haben, um die Bezahlung mit dem Mobiltelefon voranzutreiben.

Zum anderen wird die Verwendung des Bargeldes durch Obergrenzen für Barzahlung und durch die Abschaffung großer Noten eingeschränkt. So hat die EZB beschlossen, die 500 Euro-Note aus dem Verkehr zu ziehen, angeblich zur Bekämpfung der Kriminalität. Gemäß dem früheren Nationalbankpräsidenten Jean-Pierre Roth ist es «eine Illusion zu glauben, Kriminalität oder Steuerhinterziehung könne durch den Rückzug großer Banknoten bekämpft werden, weil

---

26 sputniknews.com/radio_double_down/201907301076404514-negative-25-interest-rates/

andere Zahlungsmittel oder alternative Wege der Verschleierung gefunden werden», speziell Kryptowährungen.[27]

«Die Anti-Bargeld-Aktivitäten entspringen einem Netzwerk», schreibt der deutsche Ökonom und Journalist Norbert Häring in seinem Buch «Die Abschaffung des Bargelds und die Folgen» (2016), «dessen Zentrum an der Ostküste der USA liegt und zu dessen zentralen Figuren Larry Summers, Ken Rogoff und Mario Draghi gehören, die über eine äußerst enge Seilschaft miteinander verbunden sind. … Die maßgebenden Kräfte scheinen alle der *Group of Thirty* anzugehören, einer 1978 von den Rockefellers gegründeten informellen Gruppe von globalen Spitzenkräften aus Banken, Wissenschaft und Behörden».

Die Prioritäten der Bargeldeinschränkung zeigen, dass es nicht um die Bekämpfung der Kriminalität, sondern um die Rettung der Banken geht. Häring: «Je größer die Probleme der lokalen Banken, desto niedriger ist tendenziell die Obergrenze, bis zu der bar ausgezahlt werden darf.» Im Falle von Griechenland wurde die «Rettung» sogar an die Bedingung geknüpft, die Bargeldzahlungen einzuschränken.

Obwohl die Bargeldabschaffer jeweils die Bekämpfung von Kriminalität und Steuerhinterziehung in den Vordergrund stellen, nehmen sie in ihren internen Veranstaltungen kein Blatt vor den Mund. Am 18. Mai 2015 richtete die Schweizerische Nationalbank in London eine Tagung aus mit dem Titel «Removing the Zero Lower Bound on Interest Rates Conference» – Beseitigung der Nullzins-Untergrenze. Keynote Speaker waren Mitglieder der Group of Thirty, u. a. Ken Rogoff, Wirtschaftsprofessor an der Harvard University und Willem Buiter, Chefökonom der Citigroup, der unter Ausschluss der Medien Klartext sprach: «Die Existenz von Bargeld ist der Grund, warum es eine effektive Untergrenze für die Notenbankzinsen gibt.»[28]

Aber das scheinbar so praktische elektronische Geld ist ein Trojanisches Pferd. Es ist seiner juristischen Natur nach ein Kredit an die

---

27 L'Hebdo, 26. Mai 2016
28 Norbert Häring: Die Abschaffung des Bargelds und die Folgen. Quadriga, 2016. S. 58

Bank, dessen Rückzahlungsbedingungen (namentlich der Zins) einseitig von dieser geändert werden können. Mit der Bargeldabschaffung sind wir gezwungen, den Banken für jede Transaktion Kredit zu gewähren und haben keine Ausweichmöglichkeit mehr, wenn tiefere Negativzinsen oder eine Vermögensabgabe drohen. Elektronisches Geld ist trojanisches Geld. Aber leider droht noch wesentlich mehr. Die Zündschnur der Bombe brennt bereits.

Gezündet wurde sie am 23. August 2019 in einem Loch, an der alljährlichen Tagung der US-Zentralbank Federal Reserve in Jackson Hole (Wyoming/USA). Nach einem langweiligen Vortrag des Fed-Präsidenten Jerome Powell machte Mark Carney, Gouverneur der Bank of England, einen schockierenden Vorschlag. Als Mann, der bei Goldman-Sachs die Sporen verdient hat, kennt er seine Herren und weiß, was sie hören wollen: «Auf lange Sicht müssen wir das Spiel ändern», sagte er, «und wenn die Änderung kommt, sollten wir nicht einfach einen Währungshegemon gegen einen anderen austauschen». Was ihm vorschwebt, ist eine Kryptowährung in der Art des «Libra», die Facebook demnächst einführen will.[29]

Die Folgen sind absehbar:

• Der Dollar wird sich rasant oder schleichend abwerten und damit die Dollarguthaben im Ausland (75 bis 80 Prozent des Gesamtbestandes[30]) weitgehend vernichten. Gewinner sind die US-Regierung, die US-Konzerne und die amerikanischen Banken, die alle in Dollar hochverschuldet sind.

• Die neue Krypto-Weltreservewährung wird mit größter Wahrscheinlichkeit noch schwieriger zu kontrollieren und nur unter Beteiligung von FAANG (Facebook, Apple, Amazon, Netflix und Google) einzuführen sein. Die Gefahr einer weitergehenden Privatisierung des Geldsystem ist immanent.

Dies läuft auf einen einseitigen Schuldenerlass zugunsten der Superreichen und der hinter ihnen stehenden Mächte hinaus. Echte Reformen oder ein gerechter Schuldenerlass werden in noch weitere Ferne rücken.

---

29 www.zerohedge.com/news/2019-08-23/unprecedented-shocking-proposal-boes-mark-carney-urges-replacing-dollar-libra?

30 www.answers.com/Q/How_many_dollars_are_outside_of_US

Carney machte seinen Vorschlag in einem entscheidenden Moment. Nach zehn Jahren erfolgloser Bekämpfung der Finanzkrise, exorbitanter Neuverschuldung und mit Zinsen nahe oder unter Null haben die Zentralbanken ihr Pulver verschossen. Zudem hat Trump den Handelskrieg mit China zu einem Währungskrieg eskaliert, in dem sich die beiden Hauptparteien bereits ganz offiziell als «Feinde» bezeichnen. Die nächste Eskalationsstufe wird ganz neue Waffen mit noch größeren Kollateralschäden für den Rest der Welt erfordern. Carney, der Kanadier an der Spitze der Bank of England, wird im Herbst zurücktreten. Bereitet er mit seinem Vorstoß den Boden für seinen nächsten Job bei einer internationalen Finanzinstitution in Washington?

Die Bombe von Jackson Hole wird möglicherweise nicht gezündet, sondern nur als Eventualität in Stellung gebracht. Sicher ist aber, dass sich eine ganze Reihe großer Wellen zu einer Monsterwelle aufbauen, die selbst ein so mächtiges Schiff wie unsere Zivilisation in extreme Not bringen könnte.

Monsterwelle

In unserer Welt des Überflusses ist der Mangel zur alles dominierenden Ideologie geworden, die drauf und dran ist, den Überfluss
ein und für allemal zu zerstören. Ein vom Menschen erfundenes
System mit monetärem Kern ist im Begriff, das Überleben – den
kategorischen Imperativ der Evolution – zu verunmöglichen. Sogar
Wissenschaftler verbreiten endzeitliche Stimmung. In der Tat: Der
Krieg gegen die Natur und den Menschen und seine Gemeinschaften findet an vielen Fronten statt und fast überall gibt es bedenkliche
Rückschritte, die einzeln bedrohlich, in ihrem Zusammenwirken aber
verheerend sind.

Wir haben es hier mit einem Vorgang einzigartiger Dimensionen
zu tun. Monsterwellen bauen sich aus zwei großen Wellen zu einer
Höhe von bis zu 35 Metern auf, die jedes Schiff versenken können.
Die zivilisatorische Monsterwelle, die vor unseren Augen entsteht,
nährt sich aus einer ganzen Reihe solcher Riesenwellen:

Die Welt befindet sich auf einem gefährlichen Weg der Milita-
risierung. Angeführt von den USA – «die kriegerischste Nation der
Weltgeschichte» (Jimmy Carter) – und der NATO, wird kräftig aufge-
rüstet. Dabei werden nicht nur riesige Mittel sinnlos verschwendet. Es
wächst auch die Wahrscheinlichkeit von Missbrauch, Missverständ-
nissen und kleinen Zusammenstößen mit großen Folgen. Die Idee
des vorbeugenden Krieges (um einen Krieg zu verhindern?) und des
atomaren Erstschlags hat immer mehr Anhänger unter Strategen. Ein
Weltkrieg ist nicht ausgeschlossen. Unterhalb der Stufe eines heißen
Krieges werden in vielen Konflikten Sanktionen eingesetzt, mit ähnlich zerstörerischen Folgen für die Zivilbevölkerung.

Das Völkerrecht ist in einem Prozess der faktischen Auflösung.
Im eminent wichtigen ökonomischen Bereich ist es durch die WHO
längst erfolgreich privatisiert, d.h. Schiedsgerichten unterworfen
worden. Das Gewaltverbot gemäß Art. 2 der UNO-Charta und der
Grundsatz der Nichteinmischung werden systematisch und ohne

Konsequenzen verletzt, wie die Beispiele von Syrien, Libyen, Venezuela und vieler anderer Fälle zeigen. Kaum ein Politiker und kaum eine Regierung wehrt sich dagegen. Mit Donald Trump ist auch die einseitige Kündigung von internationalen Verträgen wieder salonfähig geworden.

Die Massenmedien sind zu Lautsprechern der Eliten und ihrer Regierungen verkommen. Anstatt die wirklichen Missstände aufzudecken und die Mächte als vierte Gewalt zu kontrollieren, vernebeln sie das Publikum mit Oberflächlichkeiten, Halbwahrheiten, Propaganda und, wenn es sein muss, mit echtem Fake. Gleichzeitig wird das Recht auf freie Meinungsäußerung immer weiter durch Kampagnen zur Bekämpfung von Fake News und Hasssprache eingeschränkt.

Im Hintergrund des Weltgeschehens wirken Geheimdienste mit Millionen von Mitarbeitern, die alle «an irgendwas dran sind», das möglichst niemand wissen soll (offenbar, weil es nicht besonders legal ist). Gemäß einem Bericht der «Washington Post» von 2010 waren schon damals 1271 US-Regierungsorganisationen und 1931 Privatfirmen an 10 000 Standorten mit Terrorismusbekämpfung, interner Sicherheit und Nachrichtendienst beschäftigt; 854 000 Personen verfügten über «top-security clearance», allein in den USA.[31] Es wimmelt von dunklen Gestalten in schwarzen Mänteln, einfach in politisch korrekter Verkleidung.

Die Bürgerrechte werden laufend eingeschränkt, die Kompetenzen der Polizei erweitert. Nach einem Papier des FBI vom 30. Mai dieses Jahres werden auch Menschen als inländische Terrorgefahr klassifiziert, die «versuchen, Ereignisse oder Umstände als Ergebnis einer Gruppe von Akteuren zu erklären, die im Geheimen zum eigenen Vorteil und zum Nachteil anderer zusammenarbeiten» oder die Begründungen bevorzugen, «die gewöhnlich im Widerspruch zu offiziellen oder vorherrschenden Erklärungen stehen».[32] Mit anderen

---

31 https://en.wikipedia.org/wiki/United_States_Intelligence_Community
32 https://news.yahoo.com/fbi-documents-conspiracy-theories-terrorism-160000507.html

Worten: Die staatliche Macht ist bereits so instabil, dass abweichende Meinungen gefährlich sind und wie eine Terrorgefahr behandelt werden. Oder in der Sprache der Eliten: Verschwörungstheoretiker sind Terroristen.

Die Bevölkerung wird einer lückenlosen digitalen Kontrolle unterzogen. Die Daten dienen der Beeinflussung, der Erkennung von Netzwerken und der Behinderung des freien Informationsaustausches. Die letzten Löcher im Netz zu schließen, ist ein Frage weniger Jahre. Während für die Bürger als Objekte der Überwachung totale Transparenz gilt, erscheinen die Subjekte als undurchsichtige, faktisch unangreifbare öffentlich-private Partnerschaft. Selbst unerhörte Enthüllungen wie die von Edward Snowden führen zu keinen zählbaren Reformen. Pech: Er übergab seine Daten an die Zeitung «Guardian» und das von dem Multimilliardär Pierre Omidyar (eBay) finanzierte Portal «Intercept», die den größten Teil der Daten versenkten.

Das Finanzuniversum hat sich faktisch von der Realwirtschaft gelöst und seine Regeln laufend gelockert. Die Finanzkrise wurde nicht nur mit einer Verlagerung der Risiken auf den Steuerzahler «gelöst», sondern auch mit einer exorbitanten Vergrößerung des Schuldenbergs, der jederzeit aus nichtigem Anlass zusammenbrechen kann. Je mehr Geld die Zentralbanken zur Rettung der Börsenkurse in die Märkte pumpen, desto schärfer wird der Anlagenotstand und desto größer das Risiko, das die Anleger eingehen.

Das Geldsystem, das die Wirtschaft zu exponentiellem Wachstum zwingt, hat auch zu einer exponentiellen Umweltzerstörung geführt. Gemäß dem Bericht des Weltbiodiversitätsrates vom Mai 2019 sind eine Million von geschätzten acht Millionen Tier- und Pflanzenarten weltweit vom Aussterben bedroht – einmalig in der Geschichte der Menschheit. Die Aussterberate nimmt weiter zu und liegt gegenwärtig bei rund 100 Arten täglich.

Die Umverteilung von den Arbeitenden zu den Vermögenden, darunter vor allem das oberste Promille, geht mit zunehmender Schärfe voran. Der Anteil der Multis am globalen BIP steigt und liegt aktuell bei einem Drittel der Produktion, der Hälfte der Exporte, aber nur einem Viertel der Arbeitsplätze.[33] Nach einer Studie der OECD sind 46 Prozent der Jobs in den Industrieländern in Gefahr, von der Roboterisierung verdrängt zu werden, vor allem in ärmeren Ländern.[34] Wir befinden uns in einer Entwicklung, an deren Endpunkt *ein* Mensch eine alles produzierende Maschine besitzt, von der alle abhängig sind. Natürlich wird diese Entwicklung vorher unterbrochen werden, aber wie? Und durch wen?

Wie das Geld, ist auch die Macht auf der Erde einem stetigen Konzentrationsprozess unterworfen. Das demokratische Prinzip – «Regierung des Volkes durch das Volk für das Volk» (Lincoln) – wird zunehmend aufgeweicht durch den Einfluss der Lobbys und der Experten und durch Verlagerung der Entscheidungszentren in multinationale Strukturen. Die Lobbys sind im Durchschnitt mehr als doppelt so erfolgreich, ihren Standpunkt durchzubringen wie die Wähler. Diese fühlen sich in der Folge betrogen und wenden sich radikaleren Parteien zu.

Die psychische Gesundheit der Weltbevölkerung zerfällt. Stress und Depression sind Volkskrankheiten geworden und nehmen weiter zu. Negative Gefühle – Sorgen, Traurigkeit und Wut – sind weltweit gestiegen, von 2010 bis 2018 um 27 Prozent, sagt der jüngste Weltglücksbericht der UNO. Während die Glückskurve der US-Erwachsenen seit 1973 stetig fällt, ist dies bei den Jugendlichen und jungen Erwachsenen seit 2012, seit die meisten von ihnen ein Smartphone besitzen, nun auch der Fall, wie die Autoren des Berichts unterstreichen. Die UNO warnt denn auch vor einer«digitalen Sucht».

Die Angst nimmt zu, einerseits aus Mangel an Vertrauen in die Zukunft, andererseits weil sie geschürt wird, um aus ihr politisches

---

33 OECD: «Multinational enterprises in the global economy», May 2018,
    www.oecd.org/industry/ind/MNEs-in-the-global-economy-policy-note.pdf
34 https://www.oecd-ilibrary.org/employment/automation-skills-use-and-
    training_2e2f4eea-en

Kapital zu schlagen, kurz und eindrücklich zusammengefasst von Rainer Mausfeld in «Angst und Macht» (Westend Verlag, 2019). «Wer regiert, hat nur die Möglichkeit, Angst zu erzeugen oder Angst zu erleiden.»

Die Politik in vielen westlichen Ländern wird zunehmend von intoleranten Minderheiten und reichen Lobbys dominiert. Die Polarisierung hat die Debatte auf den Austausch von Schlagworten reduziert. Solange Aussicht darauf besteht, den Gegner zu besiegen, wird ein Konsens gar nicht angestrebt. Politik ist nicht mehr Ausgleich, sondern Durchsetzung von Interessen.

Die Familie als erstes Glied der Sozialisation wird zunehmend eliminiert. Während wir die Folgen eines zerrütteten Elternhauses kennen, werden wir die Konsequenzen eines fehlenden Elternhauses erst noch erfahren. Sicherheit, Geborgenheit und bedingungslose Liebe werden für immer mehr Menschen emotionale Fremdwörter bleiben und sie in den Individualismus treiben. Wie jede totalitäre Ideologie zerreißt auch der Neoliberalismus die familiären Bindungen und macht sie sich zunutze.

Anstatt Wissen an sich produziert die akademische Welt, gefördert durch Sponsoring, zunehmend Herrschaftswissen. Die Anzahl, nicht die Qualität der Publikationen entscheidet über die Karriere. Die Statistik und damit die Wahrscheinlichkeit ersetzt zunehmend gesichertes Wissen. Zudem leidet die Wissenschaft an einem gravierenden Wahrnehmungsproblem, von Nassim Nicholas Taleb treffend umschrieben: «In der akademischen Welt gibt es keinen Unterschied zwischen der akademischen und der wirklichen Welt, in der wirklichen Welt hingegen schon.»[35] Von ihr ist wenig Erkenntnis über den wahren Zustand der Erde zu erwarten.

Alle wirklich notwendigen Reformen werden verwässert, verzögert, verhindert oder ins Gegenteil verkehrt: Reformen für gerechte Steuergesetzgebung, für wirksamen Schutz der Umwelt vor Vergif-

---

35 Nassib Nicholas Taleb: Das Risiko und sein Preis. Penguin, 2018. S. 18

tung, Verstrahlung, Übernutzung oder Erwärmung, für ein gerechtes Geldsystem ... und, und, und. Viele Reformen, obwohl langfristig effizient, kosten anfangs mehr und bedeuten für die Länder, die sie zuerst einführen, einen Wettbewerbsnachteil. Andere Reformen werden verhindert, weil sie an kritischer Stelle in die Verteilung von Macht und Ressourcen eingreifen.

Der Mensch ist mit der künstlichen Intelligenz daran, sein Schicksal in die Hände einer Maschine zu legen, die er nicht mehr versteht und daher auch nicht mehr kontrollieren kann. Dem Sachzwang des ewigen Wachstums wird er mit den Sachzwängen der Algorithmen nicht mehr begegnen können. Ich denke nicht, also bin ich nicht.

Die Liste könnte bis zur Hoffnungslosigkeit weitergeführt werden. Was sie zeigen soll: Wir befinden uns an einem einzigartigen Punkt in der Geschichte, in dem gleichzeitig die Gefahr ins Endzeitliche wächst, die Bewusstseinskräfte aber durch Ängste, Ablenkung, Stress und Desorientierung soweit sinken, dass wir als Kollektiv die Gefahr weder erkennen noch ihr angemessen begegnen können.

Unter der Herrschaft des Geldes ist die vom Menschen geschaffene Welt zu einer absurden, selbstmörderischen Maschine geworden, zu deren Krach wir zu tanzen versuchen. Aber wir zucken und zappeln als ausgestoßene Individuen auf der Suche nach dem verlorenen Glück.

Um diesem unseligen Tanz mit einem unbekannten Teufel ein Ende zu setzen, reicht es nicht, das Orchester ein bisschen umzustellen und die «Musik» leiser zu machen. «Wirkliche Demokratie kann nur durchgesetzt werden, wenn das gesamte, radikal antidemokratische System des Konzernkapitalismus vollständig abgeschafft ist», stellt Noam Chomsky fest.

Das kann nur eines heißen: Umwälzung. Doch das macht zunächst mehr Angst, als auf dem bisherigen Weg weiterzugehen.

Fünf Schritte, das Unabänderliche verändern zu können

Dass es so nicht mehr weitergeht, wenn es so weitergeht, spüren mittlerweile sehr viele Menschen. Aber sie wagen es nicht, über die Konsequenzen nachzudenken, geschweige denn darüber zu sprechen. Das ist verständlich. Das Ende des monetären Irrglaubens mit seinen Tentakeln – selbst wenn es Voraussetzung für neues, wirkliches Leben ist – wird mit allen Mitteln des Selbstbetrugs und der Propaganda verhindert. «Es erscheint uns heute leichter, das Ende der Welt vorzustellen, als das Ende des Kapitalismus», schrieb der amerikanische Philosoph Fredric Jameson schon 1994.[36] So sehr haben wir die Religion des Mammon schon verinnerlicht. Getrieben von der Illusion eines falschen Geldes und dem absurden Wunsch, mehr zu besitzen, als es gibt, haben wir aus den Schattenseiten des Menschseins eine ganze Gesellschaft gebaut, die so real und stabil erscheint, dass bereits das «Ende der Geschichte» verkündet wurde. Auf erschreckende Art könnte Francis Fukuyama mit seiner dreisten Behauptung recht haben: Wir haben den Irrtum wahrgelogen und die Welt in ein Gefängnis des Materialismus, des Mangels und des Konflikts verwandelt. Sein wichtigster Häftling ist der freie menschliche Geist, der sich nur noch mit seinem Kontostand beschäftigt. Aus diesem Gefängnis gibt es kein Entkommen; wir können uns bestenfalls in eine angenehmere Abteilung verlegen lassen. Wenn wir eine Zukunft wollen, muss das Gefängnis zerschlagen werden, zuerst mental, dann real.

Dieser Prozess erinnert an die fünf Sterbephasen von Elisabeth Kübler-Ross, die der Annahme des Unausweichlichen vorangehen. Diese fünf Phasen müssen wir als Individuen und als Kollektiv durchlaufen, um das Tor zu einer nächsten Welt erst aufstoßen zu können. Doch schon das erste Hindernis ist hoch.

---

36 zitiert nach Rainer Mausfeld: Angst und Macht. Westend Verlag, 2019. S. 98

1. Nicht-Wahrhaben-Wollen: Die Angst des Menschen vor Verlust ist größer als sein Wunsch nach Gewinn. Sie ist, wie der Nobelpreisträger Daniel Kahnemann festgestellt hat, in etwa doppelt so stark wie der Wille, einen vergleichbar großen Gewinn zu machen.[37] Lieber 50 Franken nicht verlieren, als 100 gewinnen. Das gilt auch für das Kollektiv. Eher versuchen wir, uns durchzuwursteln, als das nahende Ende der Sackgasse wahrzunehmen und vor dem Aufprall kehrtzumachen. Lieber wenden wir uns den erfreulichen kleinen Dingen zu, als das große Ungeheuer in den Blick zu nehmen, das alles Schöne verschlingt. Daher das große Bedürfnis nach «positiven Nachrichten». Zur Leugnung unseres Zustands gehören auch die vielen Statistiken, nach denen es uns «im Durchschnitt» besser geht. Aber sie sind Fiktion. Wenn sich ein Milliardär zu einer Gruppe von Habenichtsen gesellt, verwandeln sie sich plötzlich in Millionäre – aber nur im Durchschnitt. Die Welt als Ganzes, wie sie im Bild der Massenmedien erscheint, steckt noch in der Phase der Leugnung. Aber einige sind schon einen Schritt weiter.

2. Zorn: Sobald man erkennt, dass man sich nicht aus eigener Kraft aus dem Sumpf befreien kann, beginnt die Wut zu kochen. Politisch äußert sie sich u. a. im Rechtspopulismus. Die Enttäuschung, von den Eliten aufs Abstellgleis geführt zu werden, ist begründet und verständlich. Aber wenn die Wut nicht überwunden wird, ist die Gefahr, mehr von demselben und in schärferer Form zu erhalten, größer als die Chance einer kleinen Verbesserung. Die Wahrscheinlichkeit, dass der Rechtspopulismus die verhassten Eliten der Globalisierung einfach durch eine nationale Elite ersetzen wird, ist jedenfalls evident. Ähnliches gilt für die Klimakämpfer: Vielleicht erreicht ihr Zorn, dass die Kompensationszahlungen (in Dollar!) tatsächlich fließen. Aber die Gefahr, dass die globale Billionensteuer letztendlich nur die Reichen reicher macht, ist nicht von der Hand zu weisen, solange nur die Symptome unserer entgleisten Ökonomie behandelt werden, anstatt die Wurzeln der Zerstörung einfach auszureißen.

Weil die Wut nur ausnahmsweise zu Ergebnissen führt, versucht man es als nächstes mit einem Deal.

---

37 Claudia Hammond: Erst denken, dann zahlen. 2017. S. 94

3. Verhandeln: Das wäre an sich in den meisten Fällen das probate Vorgehen für einen Ausgleich der Interessen. Aber angesichts des Unausweichlichen gibt es nichts zu verhandeln. So befassen sich denn die verschiedenen politischen und regulatorischen Maßnahmen nicht mit der Durchführung des unvermeidlichen Schuldenerlasses, sondern mit dem Gegenteil, seiner Vermeidung durch Erhöhung der Schulden. Was ist seit der Finanzkrise geschehen? Die in hundert Jahren aufgehäuften Schulden wurden innerhalb eines Jahrzehnts um ein sattes Drittel erhöht. Sobald die Fruchtlosigkeit des Verhandelns augenfällig wird, werden die Akteure von einer Stimmung erfasst, die schon so viele kennen, dass sie zu einer echten Volkskrankheit geworden ist.

4. Depression: Man hat alles versucht, man hat geleugnet, gezürnt und verhandelt, aber nichts hat geholfen. Verzweiflung macht sich breit. Die Hoffnung, die bekanntlich zuletzt stirbt, schwindet. Wir sind nicht einmal mehr fähig, uns eine einigermaßen attraktive Zukunft vorzustellen, geschweige denn, zu ihr aufzubrechen. Es ist kein Zufall, dass Erschöpfung und Depressionen gerade unter Umweltaktivisten so verbreitet sind, dass ihnen Selbsthilfegruppen wieder neue Kräfte vermitteln sollen: zurück auf Stufe zwei, die Wut auf die Straße! Die ausgebrannten Manager müssen noch weiter zurück, auf Feld eins, und wieder heile Welt spielen. Wenn die Leute allerdings verstünden, dass die rücksichtslose kalte Welt des Geldes ihnen all die Probleme beschert, die sie bekämpfen, könnte ein Wunder geschehen.

5. Akzeptanz: Sobald das Unabänderliche angenommen ist, geht der Kampf zu Ende, Ruhe kehrt ein und die Tür zu etwas Neuem und Unbekanntem öffnet sich. Im Fall des Todes, aus dessen Konfrontation Elisabeth Kübler-Ross die Regeln abgeleitet hat, ist das Neue relativ unsicher. Immerhin wissen wir aus unzähligen Nahtodberichten, dass sich das Leben auf einer geistigen Ebene fortsetzt.[38] Mit der Erkenntnis, dass unser

---

38 Der holländische Kardiologe und Notfallmediziner Pim van Lommel (*1943) hat 344 Fälle von Überlebenden eines Herzstillstands untersucht und in der angesehenen Fachzeitschrift «The Lancet» veröffentlicht. Er ist aufgrund seiner Forschungen zur Überzeugung gelangt, dass Bewusstsein nicht im Gehirn entsteht und nach

Jahrtausende altes Geldsystem nicht nur sich selbst, sondern auch uns zerstört, geht das Leben freilich nicht zu Ende. Es beginnt erst richtig.

Das wirkliche Leben beginnt damit, dass wir nicht mehr Opfer der destruktiven monetären Dynamik sind und stattdessen Handelnde werden, die ihr Schicksal nicht erleiden, sondern gestalten. Wir müssen nicht mehr – wir dürfen; und wir werden auch wollen.

Wer handelt, übernimmt bewusst Verantwortung für die Konsequenzen seines Tuns. Wer nicht handelt, meint vielleicht, sich der Verantwortung zu entziehen. Sollen doch die Anderen! Aber den Folgen ist nicht zu entgehen, ob wir sie mitverursacht haben oder nicht. Dann doch lieber handeln, mindestens die Selbstachtung wahren – und vielleicht sogar etwas erreichen! Nur indem wir uns als Teil des Ganzen erkennen und mindestens ein klein bisschen Verantwortung übernehmen, wird das Unabänderliche veränderbar.

Wir kommen natürlich nicht nur zur Tat, indem wir zuerst ein bisschen sterben, sondern auch indem wir die große Idee des guten Lebens in uns leben lassen. Dieser Wunsch ist universell. Fast sämtliche Mythen aus allen Zeiten – die Gegenwart vielleicht ausgenommen – erzählen von paradiesischen Zuständen, die einmal waren oder sein werden. Die Vorstellung des großen Friedens und der Überwindung jeglichen Mangels ist sogar biologisches Programm. Ungerechtigkeit löst körperliche Reaktionen aus, wie der Neurobiologe Joachim Bauer gezeigt hat: «Das menschliche Gehirn ist, wie Experimente belegen, nicht nur auf sozialen Zusammenhang geeicht. Es besitzt einen biologisch verankerten Fairness-Messfühler und strebt im Sinne einer natürlichen, durchaus ‹triebhaften› Tendenz nach einem Mindestmaß an fairer Ressourcenverteilung.» «Aggressionstrieb» und «egoistische Gene» seien «Theorien, die – obwohl sachlich unhaltbar — perfekt in das derzeitige globale Wirtschaftssystem eines ungebremsten Raubtierkapitalismus passen».[39]

---

dem körperlichen Tod weiter existiert. Mehr dazu in seinem Bestseller «Endloses Bewusstsein – neue medizinische Fakten zur Nahtoderfahrung» (Patmos, 2009).

39 Mehr dazu in Bauers hervorragendem Buch «Schmerzgrenze» (Blessing, 2011), in dem er die Verbreitung der Aggression seit Beginn der Sesshaftigkeit und der

Die Kräfte des Friedens und der Gerechtigkeit schlummern also in jedem von uns. Sie müssen nur geweckt werden. Und das wollen wir auf den nächsten Seiten tun.

wachsenden Ungleichheit neurobiologisch erklärt. Ein Augenöffner und ein starkes Argument gegen den Sozialdarwinismus.

Es geht, schon jetzt

Das große Problem dieser Zeit sind nicht nur die Gefahren, die uns bedrohen, sondern die unglaublichen Chancen, die wir nicht sehen. Sie sind so groß, dass wir Mühe haben, sie überhaupt zu erkennen. Wer kann sich schon vorstellen, in anderthalb Stunden täglich seinen Lebensunterhalt zu verdienen und ungefähr denselben Lebensstandard zu erreichen? Aber es geht, wie wir gleich sehen werden.

Es geht hier nicht um Utopien (die wir ohnehin nicht erreichen, aber zu denen wir aufbrechen sollen, wie Oscar Wilde treffend sagte). Es geht um Fähigkeiten und Techniken, die wir alle schon haben, aber nicht nutzen – weil sie zu gut sind, um das BIP zu steigern und vom subventionierten Blödsinn verdrängt werden, damit ein paar wenige, die eh schon zu viel haben, sich um noch mehr Besitz sorgen dürfen. Die Lösungen für ungefähr alle Probleme der Menschheit sind da, wie Sven Böttcher und Mathias Bröckers in ihrem wunderbaren Buch «Die ganze Wahrheit über alles» zeigen: von A wie Arbeit über K wie Kapitalismus und S wie Saatgut bis zu Z wie Zukunft. Sie schreiben: «*Die ganze Wahrheit über alles* ist, dass wir die ganze Welt problemlos paradiesisch verbessern könnten; dass kein Mensch mehr hungern müsste; dass es nicht einmal in der kurzen Übergangsphase von unserem derzeitigen zum nächsten System zu Blutvergießen, Not oder Elend kommen müsste. Die ganze Wahrheit ist, dass wir alles zum Guten wenden könnten – im Handumdrehen! Und dass neun von zehn Menschen das auch gerne täten, selbst wenn sie dafür ein paar Opfer bringen müssten.»

Dabei sind Opfer gar nicht nötig, von der schmerzvollen Erkenntnis vergangener Irrtümer einmal abgesehen. Wenn wir das globale Vermögen von 317 Billionen Dollar durch die 7,63 Milliarden Erdbewohner teilen, ergibt dies für jeden Menschen 41 000 Dollar. Das ist nicht weit entfernt vom mittleren Vermögen in Deutschland von 51 400 Euro (Eurosystem Household Finance and Consumption Survey der EZB von 2010). Selbst wenn Geld und Statistik nicht wirklich zuverlässige Maßstäbe sind, erkennen wir sofort: Es gibt genug.

Alles, was wir brauchen, ist also da, vieles sogar im Überfluss: Lebensmittel, Technologien, Energie. Das Finanzsystem, geblendet durch die BIP-Illusion (Umsatz statt Nutzen) und die Geldillusion (Wert statt Kredit) macht einfach in Zusammenarbeit mit den «Märkten» einen hochmiserablen Job bei der Verteilung: die einen zu viel, die andern zu wenig, alle unzufrieden und die Erde ausgeblutet. Gleichzeitig behauptet es, effizient bei der Allokation der Mittel zu sein. Wer die pathologische Finanzmathematik dahinter verstehen möchte, soll den «Schwarzen Schwan – die Macht höchst unwahrscheinlicher Ereignisse» von Nassim Nicholas Taleb lesen. Der Bestseller, kurz vor der Finanzkrise erschienen, erklärt allgemein verständlich, wie die Risiken aus dem finanziellen Kartenhaus gerechnet werden. Weil man seinen Erkenntnissen und vor allem denen seines Inspirators Benoît Mandelbrot[40] nicht folgen wollte, ist der schwarze Schwan mittlerweile zum schwarzen Drachen mutiert, dem die globale Teppichetage huldigt, bis wir von ihm aufgefressen werden.

Wir leben also im Überfluss. Es ist hier nicht der Ort, um all die Verfahren, Technologien und Organisationsformen auszubreiten, die sich bewährt haben und die zeigen: Nachhaltigkeit und Gerechtigkeit sind möglich. Beschränken wir uns auf die Geld- und Besitzordnung, die wir mittlerweile ein bisschen kennen.

Allein mit einem zinsfreien Geld und der Elimination unproduktiver Kapitalgewinne würden sich die Lebenshaltungskosten um rund ein Drittel senken. Wir müssten ein Drittel weniger arbeiten, und viele Probleme würden sich allein schon deshalb lösen, die Kinderbetreuung, die Versorgung der Alten, der Stress und die aus ihm entstehenden Fehler, Konflikte und Krankheiten.

Aber das Geldsystem macht nicht nur alles teurer als es sein müsste. Wir produzieren auch viel Unnützes und werfen viel fort (die

---

40 In den 1990er Jahren begann der französische Mathematiker Benoît Mandelbrot (1924 bis 2010), die Gesetzmäßigkeiten seiner fraktalen Geometrie auf die Finanzmärkte anzuwenden, mit erstaunlichen Ergebnissen. In seinem Buch «Fraktale und Finanzen – Märkte zwischen Risiko, Rendite und Ruin» kritisierte er das mangelnde Verständnis der Wirtschaftswissenschaft für komplexe Vorgänge und exponentielle Entwicklungen, was zu einer systematischen Unterschätzung der Risiken führe.

Hälfte der Lebensmittel landet nie auf einem Teller oder in einem Trog; wegen der Wegwerfmentalität sind Textilien mittlerweile nach dem Öl die größten Umweltverschmutzer). Abermillionen unproduktiver «Bullshit-Jobs» würden wegfallen. Nach einer Umfrage aus Großbritannien halten 37 Prozent der Vollzeitangestellten ihren Job für sinnlos und ohne Nutzen für die Gesellschaft.[41] Wir würden weniger Krankenhäuser brauchen, weniger Gefängnisse und kein Militär. Wieviel der ganze Blödsinn der globalen Wirtschaftsmaschine ausmacht, ist schwer zu berechnen. Ich schätze ihn der Einfachheit halber auf ein weiteres Drittel, sodass wir mit einem Drittel der heutigen Arbeitszeit ungefähr denselben Lebensstandard erreichen könnten.

Vermutlich würde sogar ein Fünftel der Arbeitszeit reichen. Denn schon heute könnten wir die Arbeitszeit ohne Produktivitätsverlust auf 60 Prozent reduzieren. Wahrscheinlich würden wir auch weniger konsumieren und mehr genießen. Und die vielen Innovationen, die jetzt noch von den subventionierten Multis verdrängt oder übernommen und stillgelegt werden, würden befreit und könnten ihre segensreiche Wirkung entfalten, von der Krebsheilung über die Regenmaschine von Wilhelm Reich bis zur freien Energie von Nikola Tesla, dessen Technologie von Westinghouse gekauft und versenkt wurde.

Also doch eher ein Arbeitstag pro Woche oder anderthalb Stunden pro Tag, wie bei indigenen, vom Kapitalismus verschonten Völkern, die spielen, spazieren und das Leben fließen lassen. Das ist keine unrealistische Phantasie, sondern hat bereits existiert: Für das Mittelalter schätzt die Harvard-Ökonomin Juliet Schor den Anteil der arbeitsfreien Feiertage auf einen Drittel. In Frankreich hatten die Menschen fast das halbe Jahr frei,[42] und das mit primitivster Technologie (aber auch weniger Annehmlichkeiten). Wie viel mehr Freiheit bietet uns eine Zukunft mit all den ingeniösen Technologien, die der Mensch im Laufe der letzten Jahrhunderte entwickelt hat, wenn sie nur vom Joch des Profits und der Umverteilung befreit würden. «Die Fabrik der Zukunft wird nur noch zwei Mitarbeiter haben, einen Menschen und einen Hund», witzelte der amerikanische Ökonom Warren G. Bennis

41 Erhellendes und Schockierendes dazu in: David Graeber: Bullshit-Jobs – vom wahren Sinn der Arbeit. Klett-Cotta, 2019.

42 Rutger Bregman: Utopien für Realisten. Rowohlt, 2019, S. 140

(1925 bis 2014). «Der Mensch wird den Hund füttern, und der Hund wird den Menschen daran hindern, die Maschinen anzurühren.»

Eine verbreitete, aber unbegründete Sorge ist die Versorgung mit Lebensmitteln. Dabei ist die kleinräumige Bio-Landwirtschaft wesentlich effizienter als die subventionierte Agroindustrie. Sie ist produktiver, braucht weniger Kapital (ein Nachteil für die BIP-gesteuerte Ökonomie), sie belastet die Umwelt nicht und schafft mehr Arbeitsplätze. Die Permakultur-Farm *Bec Hellouin* in der Normandie erzielt pro 1000 m^2 mit 2400 Arbeitsstunden einen sensationellen Ertrag von 54000 Euro. Und der Biobauer Uwe Wüst im nördlichen Württemberg übertrifft mit seiner minimalistischen Landwirtschaft (kein Pflügen, kein Düngen) die Erträge konventioneller Landwirte. Er lässt die Natur arbeiten: Anstatt Monokultur sät er drei zueinander passende Feldfrüchte gleichzeitig ein und kultiviert sogenannte «Ackerunkräuter» in breiten Streifen entlang der Felder. Dort haben Wissenschaftler sogar Pflanzen gefunden, die als ausgestorben galten. Fazit: Weniger, dafür in Harmonie mit der Natur, bringt mehr als alle Chemie und Technologie, erhöht die Biodiversität und gibt vielen Menschen sinnvolle Arbeit.

Für nachhaltige Geldsysteme gibt es eine Vielzahl von bewährten Konzepten. Am bekanntesten ist wohl das Freigeld des deutsch-argentinischen Geldreformers Silvio Gesell, von dem schon der große John Maynard Keynes sagte, die Zukunft würde «mehr vom Geiste Gesells als von jenem von Marx lernen». Um die magische Attraktivität des Geldes zu brechen, das über allen vergänglichen Dingen schwebt und wächst, schlug er ein «rostendes» Geld vor, dessen Wert kontinuierlich schwindet und es damit für das Horten unattraktiv macht und wieder in den Umlauf bringt. Diese Gebühr, typischerweise zwischen 0,5 und 1 Prozent pro Monat, würde gleichzeitig als Vermögenssteuer wirken und damit die Steuern auf produktive Tätigkeiten senken. Am berühmtesten wurde die Anwendung der Gesellschen Prinzipien im armen Tiroler Marktflecken Wörgl, der 1933 mit einem eigenen Geld, den sogenannten «Arbeitswertscheinen» innert weniger Monate die Arbeitslosigkeit drastisch reduzierte und sich sogar den Luxus einer

Skisprungschanze leisten konnte. Das Experiment machte in ganz Europa Schlagzeilen und animierte viele Nachahmer, bevor die österreichische Nationalbank die Notbremse zog und es kurzerhand verbot.

In Irland, wo 1970 die Banken wegen eines Streiks sechs Monate geschlossen waren, brach die Wirtschaft keineswegs zusammen, sondern wuchs sogar, wie die irische Zentralbank hinterher feststellte. Die Menschen bezahlten mit selbst gemachtem Geld – Schecks. Da man sie monatelang nicht einlösen konnte, wirkten die Pubs als informelle Kontrolle der Bonität.

Dass es ohne Banken geht, zeigt auch das Beispiel von Argentinien, wo Ende 2001 das Finanzsystem mit einem Staatsbankrott zusammenbrach. Drei Monate später bestand bereits ein Drittel der umlaufenden Zahlungsmittel aus Gutscheinen, die Provinzen, Städte, Supermarktketten und Kooperativen herausgaben.

Es ist Tatsache: Gerechtes Geld, das ökonomische Fundament einer fairen, demokratischen und nachhaltigen Welt, funktioniert. Sein kümmerliches Nischendasein liegt allein daran, dass es verhindert wird.

Die gute Zukunft ist also schon fast da, die materiellen Bedingungen sind erfüllt. Im Wege steht uns nur noch ein schwarzer Drache. Wie alle Drachen der Mythologie ist auch der gefräßige Mammon im Grunde ein Gebilde unserer kollektiven Einbildung, dem wir solange gefolgt sind, dass wir es für Wirklichkeit halten. Wie alle Ungeheuer der Mythologie kann er mit den Kräften des Geistes besiegt werden. Und wie alle Bestien des Wahns fürchtet sich dieser Drache vor zwei Dingen: der Wahrheit und der Unerschrockenheit.

Die Zeit für einen Vorstoß ist günstig. Um sein Ziel der totalen Kontrolle zu erreichen, muss der Drache sein Gesicht zeigen und seine versteckte Absicht preisgeben. Was wir jetzt brauchen, ist die einzige Eigenschaft, die man nicht vorspiegeln kann: Mut.

Mut ist auch eine der wenigen Qualitäten, die es nur in der Gegenwart zu haben gibt. So etwas wie künftigen Mut – «ich könnte, wenn ich hätte» – gibt es nicht. Oder, wie es Freifrau Marie von Ebner-Eschenbach formuliert hat: «Wenn die Zeit kommt, in der man könnte, ist die vorbei, in der man kann.»

Oder noch kürzer: Wir können nur jetzt.

Teil zwei:
Ausführung

Es braucht einen Plan

Es ist nicht verboten, in Begriffen des Krieges zu denken, um ihn zu verhindern. Denn dies ist das erste Ziel jeder Kriegsführung. Nun stehen wir aber bereits in einem Krieg. Die Ziele, die von einer mächtigen Minderheit verfolgt werden, sind mit so großen Schäden für die Mehrheit (und die Mitwelt) verbunden, dass sie den Schäden eines Krieges mit Waffen gleichgestellt werden müssen. Und die Waffen, die in diesem unterschwelligen Krieg zum Einsatz kommen, sind durchaus zerstörerisch: Verbreitung von Feindbildern, farbige Revolutionen oder Sanktionen. Im Fall des Irak führten sie zu Millionen von unschuldigen Opfern, ein Preis, der es nach Einschätzung der damaligen US-Außenministerin Madeleine Albright wert war – bezahlt haben ja andere.

Es werden also Kriegsziele verfolgt auf der Erde. Sie werden zwar zunächst mit politischen Mitteln verfolgt. Aber – wenn diese nichts fruchten – sprechen die Waffen. Dieser schwierigen Erkenntnis steht unser Wunsch entgegen, die Welt als gerecht wahrzunehmen. Niemand will in einer Welt des Rechts des Stärkeren leben. Doch der fromme Wunsch ändert nichts an der Realität. In der Wirklichkeit wird die Ungleichheit größer, stirbt die Natur, werden Kriege mit Daten und Waffen vorbereitet, verschwindet die Demokratie, regiert das Geld – die ganze Litanei, die man nicht mehr hören mag. Diese Vorstellung einer gerechten Welt sollten wir ziemlich rasch zu Grabe tragen. Die Realität ändert sich dadurch nicht. Aber wir uns!

Herrscht Krieg, stellt sich automatisch die Frage: Sind wir Zuschauer oder sind wir Partei? Und wenn wir Partei sind: Wo stehen wir? Einen Krieg wahrzunehmen, heißt allerdings nicht, ihn auch zu führen, selbst wenn man Partei ist. «Die größte Leistung besteht darin, den Widerstand des Feindes ohne einen Kampf zu brechen», schrieb der bedeutende chinesische Militärstratege und Philosoph Sunzi in seiner «Kunst des Krieges» vor zweieinhalbtausend Jahren. Den Kampf zu verhindern muss auch in unserer Lage, in der es buchstäblich um alles oder nichts geht, unser zweitoberstes Ziel sein. Das oberste ist, die Maschine der Zerstörung zum Stillstand zu bringen und dauerhafte Grundlagen für Frieden und Gerechtigkeit zu schaffen.

Wenn es um gewaltsame Auseinandersetzungen geht, ist das Vokabular der Strategen erste Wahl, die Kräfte zu erkennen und ihnen frühzeitig und gewaltfrei zu begegnen. Um unsere Mittel richtig einzusetzen, brauchen wir eine Strategie – nicht bloß zur Linderung des Leids, der Beschränkung des Schadens oder der Verlängerung des unseligen Spiels in der Hoffnung auf einen Deus ex machina. Wir wollen die Maschine der Zerstörung ausschalten, zerlegen und die sinnvollen Teile einem ganz neuen Zweck unterstellen: dem Wohl aller Menschen und der Erde als Ganzes.

Natürlich erscheint es absurd, den Plan für eine Zeitenwende zu entwerfen, der tatsächlich funktionieren könnte, umso mehr als er von ganz unten kommt und sich die Mittel auf Denken und Sprache beschränken. Aber das ist das Schicksal aller Utopien, die mit der Begründung bekämpft werden, sie seien aussichtslos, gefährlich und würden schlimm enden (also in einer Dystopie).[43] Sind sie aber einmal verwirklicht, werden sie schnell als vollkommen normal betrachtet. Es ist also durchaus erwünscht, mit etwas ironischer Distanz an die Strategie einer friedlichen Umwälzung heranzugehen: Ja, sie ist aussichtslos! Doch wenn wir nichts tun, wird sie aussichtslos bleiben.

Vielleicht das größte Hindernis aller großen Veränderungen ist der Umstand, dass sie erst werden, wenn sich viele beteiligen. Dazu braucht es zwar keine demokratische Mehrheit, aber doch eine kritische Masse. Und die liegt bei fünf bis zehn Prozent. In absoluten Zahlen: 381,5 bis 763 Millionen Erdbewohner. Schwer zu erreichen.

Unsere Strategie muss also bereits zu Beginn zu zählbaren Gewinnen führen, sonst geht den wenigen, die sich als erste auf den Weg machen, schon nach kurzer Zeit die Puste aus. Und wir fallen mit einer weiteren Enttäuschung auf Feld eins zurück, oder sogar noch dahinter.

Es lohnt sich also, über eine Strategie nachzudenken. Das wollen wir jetzt tun. Aber Achtung: Auf Denken folgt Handeln.

---

43 Der Ökonom Albert Hirschmann, zitiert nach Rutger Bregman: Utopien für Realisten. Rowohlt, 2019, S. 49

Wie wählen wir
den ersten Schritt?

Jede Strategie beginnt, von der Zielsetzung einmal abgesehen, mit einer Analyse des Gegners und vor allem von sich selbst. «Wenn du dich und den Feind kennst, brauchst du den Ausgang von hundert Schlachten nicht zu fürchten», schrieb Sunzi. Aber auch: «Wenn du dich selbst kennst, doch nicht den Feind, wirst du für jeden Sieg, den du erringst, eine Niederlage erleiden. Wenn du weder den Feind noch dich selbst kennst, wirst du in jeder Schlacht unterliegen.» Sichtbar wird diese Regel in der weltweiten Bewegung für Reform und Nachhaltigkeit: Wir siegen zwar immer wieder ein bisschen. Aber insgesamt nähern wir uns einer ziemlich finalen Niederlage.

Wer ist der Gegner? Wer sind wir? Und wer bin ich? Dies sind die entscheidenden Fragen. Wenn wir den Gegner nicht kennen, werden wir uns in einer Unzahl von Konflikten aufreiben – hier ein Gespenst, dort ein Bösewicht und überall dunkle Gestalten, die uns ans Eingemachte wollen. Den Gegner nicht zu kennen ist wie der Gang durch einen dunklen Wald: Jedes Blatt, das sich bewegt und jedes Rascheln im Gebüsch erschreckt uns zu Tode. Und sollten wir trotzdem die Höhle des Drachen noch erreichen, sind wir so erschöpft, dass uns sein Odem vollends lähmt. Und der Kampf ist zu Ende, bevor er begonnen hat. Den Gegner zu kennen, ist also von allergrößter Bedeutung.

Noch wichtiger ist es aber, sich selbst zu kennen. Alle verlorenen Kriege haben eine einzige Ursache: eine falsche Einschätzung der eigenen Kräfte. Man glaubt sich stark, ist aber schwach oder umgekehrt. So zieht man in Schlachten, die zu vermeiden wären und verpasst solche, die man gewonnen hätte. Weil die Selbstwahrnehmung aus eigener und historischer Erfahrung die schwerere Aufgabe scheint, holen wir uns zuerst den kleineren Fisch an die Angel, den Gegner. Das ist schwierig genug, denn er ist unsichtbar.

Wer ist der Gegner,
und wenn ja, wie viele?

Die Zerstörung der Welt erfolgt aufgrund einer Ideologie des Besitzes – man kann besitzen, was man nicht herstellen kann: die Güter der Natur, die Leistungen der Vorfahren. Und sie erfolgt aufgrund eines Konzeptes des Austauschs mit versteckter Umverteilung von knapp einem Umsatzdrittel. Diese Ideologie wird von den Lehrstühlen der Ökonomen, den Rednerpulten der Politiker und den Lautsprechern der Massenmedien in einem fort auf uns heruntergepredigt, sodass sie mittlerweile zu einer alternativlosen kollektiven Wahrheit geworden ist (obwohl sie ein Irrtum bleibt).

Dieses Konstrukt ist als Idee grundsätzlich unsichtbar, auch wenn es sich inzwischen in vielfältigster Weise manifestiert hat – so gründlich, dass der überwiegende Teil der Welt als vom Menschen gemacht bezeichnet werden muss. Diese Ideologie ist unser Gegner, und nicht seine Repräsentanten.

Es ist ein kapitaler Irrtum der Verschwörungstheoretiker (ich selbst zähle mich eher zu den Verschwörungspraktikern), den Vertretern dieser Ideologie den Krieg zu erklären. Denn es ist ein Kampf mit der Hydra: Jedem abgeschlagenen Kopf erwachsen zwei neue.

Natürlich empfiehlt es die Taktik gelegentlich, einen Repräsentanten der Ideologie anzugreifen. Die Gegenseite bekämpft die aus ihrer Sicht gefährlichen Ideen auch, indem sie ihre Vertreter durch den Kakao oder gleich aus dem Verkehr zieht. Aber es bleibt ein strategischer Irrtum, die Ideologie – den wahren Gegner – mit ihren Repräsentanten zu verwechseln. Man verwickelt sich dadurch in einen Krieg gegen den falschen Gegner. Einen solchen Krieg kann man nur verlieren.

Von einer Fokussierung auf die Repräsentanten ist auch aus einem anderen Grund abzuraten: Die wirklich mächtigen Burschen sind quasi unsichtbar. Sunzi erklärt, warum: «Krieg ist Täuschung. Wer fähig ist, zeigt Unfähigkeit, wer aktiv ist, zeigt Untätigkeit. … Gib vor, schwach zu sein, damit er sich überlegen fühlt.» Wäre ich der reichste Mensch der Erde, wäre es mein erstes Bemühen, nicht auf der Liste der reichsten Menschen zu erscheinen. Wer wirklich Macht hat, wird seine Macht verbergen, und sie dadurch noch steigern. Deshalb müssen wir davon ausgehen, dass die wirklich einflussreichen Repräsentanten der Ideologie im tiefen Schatten stehen und nur ein paar Auserwählten bekannt sind. Selbst wenn wir um ihre Identität wüssten, sollten wir mit ihnen verfahren, wie man es mit dem Irren aus Braunau hätte tun sollen: keinen Glauben schenken, kein Geld, keine Energie in irgendwelcher Form und ihn in seiner eigenen kleinen Hölle schmoren lassen.[44]

Fazit: Unser Gegner ist zunächst und vor allem eine zerstörerische Ideologie und ein suizidaler Irrglaube und in viel geringerem Ausmaß seine Prediger und Zuchtmeister.

Aber wer sind wir?

---

44 Erhellendes zur Finanzierung von Hitler in «Wall Street and the Rise of Hitler» (1976) des britisch-amerikanischen Ökonomen und Historikers Antony C. Sutton.

Wer sind wir und wer bin ich?

Ja, wer sind wir? Das ist die große unbeantwortete Frage, auf die wir mindestens eine vorläufige Antwort finden müssen, bevor wir als Handelnde in diesen Konflikt eintreten. Als erste Sicherheit können wir davon ausgehen, dass wir Menschen mit dem universellen Trieb zu überleben ausgestattet sind. Der Mensch will, wie alle Lebewesen, leben.

Aber, und das ist die zweite Sicherheit, er kann nur als Teil einer Gemeinschaft leben. Der Mensch ist nur Mensch in der Gemeinschaft mit anderen. Nur so lernt er sprechen, denken und handeln. Allein ist er ein verlorenes Wolfskind ohne Zähne und Krallen. Die Gemeinschaft ist so wichtig für den Menschen, dass er, wie der Neurobiologe Joachim Bauer gezeigt hat, biologisch auf Gemeinschaft geeicht ist. Wird die Gemeinschaft gestört, und sei es nur durch unfaires Verhalten, wird er durch körperliche Reaktionen zur Wiederherstellung der Gerechtigkeit animiert. Das ist der Grund der Aggression und nicht irgendwelche egoistischen Gene. Das ist auch der Grund, warum sich Menschen, wenn es die Umstände erfordern, sogar für die Gemeinschaft opfern.

Die dritte Sicherheit, die wir zur vorläufigen, aber hinreichenden Antwort auf die Frage nach unserer Natur brauchen, ist das Bedürfnis nach Sinn. Sinn ist kein Luxus, als das er heute behandelt wird, sondern Conditio sine qua non der menschlichen Existenz. Erkannt und formuliert hat dies der Wiener Psychiater Viktor Frankl (1905 bis 1997), der große Brückenbauer zwischen Philosophie und Psychologie. Frankl leitet die überragende Bedeutung des Sinns aus der Tatsache ab, dass die menschliche Existenz kein faktisches, sondern ein fakultatives Sein ist. Wir haben immer die Wahl, zu handeln oder nicht zu handeln, das eine zu tun, das andere zu lassen. Das Leben ist gemäß Frankl nicht ein «Nun-einmal-so-und-nicht-anders-sein-Müssen», sondern vielmehr ein «Immer-auch-anders-werden-Können» (Grundriss der Existenzanalyse und Logotherapie, 1959).

Dass sein Leben immer auch anders sein könnte, verpflichtet den Menschen dazu, ihm einen Sinn als Orientierung für seine Entscheidungen zu geben. Freiheit bedingt Verantwortung. Wenn wir einen Sinn im Leben erkennen, sind wir wesentlich leidens- und leistungsfähiger. Wir erfahren Freude und Befriedigung, selbst wenn die Umstände schwierig sind – und widriger als in Auschwitz, die Frankl erlebt und überlebt hat, können sie nicht sein. Aus der Erkenntnis und der Erfahrung des Sinns hat Frankl die Logotherapie entwickelt (von griech. lógos «Sinn, Gehalt» und therapeúein «pflegen, sorgen»).

Sinn kann allerdings «nicht gegeben, nicht verordnet, nicht gemacht und nicht erfunden werden; Sinn liegt vor, er muss wahrgenommen und gefunden werden», schreiben die Frankl-Schüler G. Khienast und M. Fischer in «Existenzanalyse und Logotherapie» (Linz 1999. S. 88f.). Man kann also nicht ein Buch wie dieses lesen und Sinn erfahren, selbst wenn dies der größte Wunsch des Autors und der Zweck der dahinterstehenden Arbeit ist. Sinn muss man in sich selbst finden. Fehlt Sinn, kommt Wahn.

Die Frage «wer sind wir?» liefert uns also drei brauchbare Antworten: Wir wollen überleben, wir brauchen Gemeinschaft und wir brauchen Sinn. Diese drei Antworten sind in einer globalen Öffentlichkeit, die den Sinn auf das Ökonomische reduziert und die Gemeinschaft weitgehend ausgehöhlt hat, nur einer kleinen Minderheit zugänglich. Wir sind also wenige. Aber wir sind leistungs- und leidensfähig – nicht weil wir das Leid nicht fühlen, sondern weil es unser freier Entscheid ist, unseren Sinn zu leben. Und weil es unser freier Entscheid ist, sind wir nicht Opfer, sondern Handelnde. Wir stehen nicht unter Zwang, wie selbst die scheinbar mächtigen Repräsentanten der Ideologie. Das Gesetz der Tat steht auf unserer Seite. Wir sind nicht Wirkung, sondern Ursache. Wir können handeln. Was ist unsere erste Tat?

Die erste Tat ist Wahrheit

Wie die Freiheit, die wir erst haben, wenn wir auf sie verzichten[45], ist auch die Wahrheit eines der paradoxen Rätsel des Lebens. *Die* Wahrheit, die absolute, gibt es nicht. Selbst die Wissenschaft produziert nur vorläufige Wahrheiten, die jederzeit durch neue Erkenntnisse umgestoßen werden können. Trotzdem sind wir auf eine unerklärliche Art verpflichtet, nach unserer Wahrheit zu leben. Denn leben wir sie nicht, machen sich Kompromisse breit, schleichen sich Lügen ein, der Zwang übernimmt das Kommando und wir verlieren das, was uns zu Menschen macht: die Freiheit der Entscheidung.

Wenn wir also erkannt haben, dass sich die Menschheit durch die geltende Ideologie des Besitzes und des Austauschs in einer selbstmörderischen Sackgasse befindet, ist es gewissermaßen unsere Menschenpflicht, nach dieser Wahrheit zu leben. Verneinen wir sie, befördern wir uns selbst in diese Sackgasse, auch wenn wir ihr Ende möglicherweise nicht erleben, weil es erst nach unserem Tod erreicht wird.

Wir können diese Wahrheit zunächst für uns selbst pflegen, bis wir ihrer sicher sind. Doch wenn wir die Spaltung zwischen innerer und äußerer Wirklichkeit überwinden wollen – und das ist immer unser Bedürfnis –, kommt früher oder später der Moment, in dem wir auch nach außen zu dieser Wahrheit stehen müssen: Ja, es braucht eine Umwälzung! Die Ideologie muss entmachtet werden! Der Neustart kommt! Indem sie gelebt und kommuniziert wird, kann sich eine innere Wahrheit verbreiten und schrittweise zu einer allgemeinen (wenn auch nicht absoluten) Wahrheit entwickeln.

Viele spirituell motivierte Menschen sind der Ansicht, die Veränderung müsse bei uns selbst beginnen. Das ist richtig, das muss sie auf jeden Fall. Aber wenn die Veränderung bei uns stehen bleibt, wenn sie nicht andere erfasst, tritt sie nicht ein. Manche denken, die meditative Transformation unseres Geistes allein würde auch die Gesellschaft verändern. Es gibt sogar Forschung, die diese Annahme bestätigt. Wenn ein paar

---

45 Die Freiheit des Individuums endet an der Grenze der Freiheit des Nächsten. Sie kann nur durch ihre Begrenzung existieren.

Promille der Bevölkerung in einer Gruppe über längere Zeit meditieren, sinkt die Kriminalitätsrate[46]. Aber es ist trügerisch, sich nur auf den inneren Weg zu verlassen. Es gibt nur wenige Menschen, die diesen Weg zu gehen bereit sind und noch weniger, die dazu fähig sind. Vielmehr gilt: Wahrheit ist unteilbar, der innere und der äußere Weg sind eins.

Das klingt natürlich wie ein unerfüllbarer kategorischer Imperativ. Wahrheit leben – unmöglich! Aber genauso wie sich die Welt in meist kleinen evolutionären Schritten entwickelt hat, entfaltet sich auch unser Leben in vielen kleinen, manchmal größeren Schritten. Man darf mit der Wahrheit also auch ganz klein anfangen, gewissermaßen zur Probe. Hier einmal etwas sagen, das man vorher nicht gewagt hätte, dort etwas tun, was ein bisschen Mut erfordert und dabei immer wieder die wunderbare Erfahrung machen, dass Wahrheit tatsächlich frei, bzw. freier macht.

Allein dieser erste Schritt könnte die Welt verändern. Und es gibt viele Wege, Wahrheit zu leben: die eigene Wahrheit unter Freunden, in der Familie und am Arbeitsplatz aussprechen, sie mit Kreide auf die Straße malen, sich nicht mehr schuldig fühlen für Dinge, die wir (noch) nicht ändern können, auf der Straße tanzen, Feindbilder aufbrechen, Kunst im öffentlichen Raum platzieren, zerstörerische Geheimnisse verraten (Whistleblowing) und vieles mehr.[47]

Sobald wir Wahrheit leben, werden wir feststellen, dass der befürchtete Streit gar nicht entflammt. Wenn meine innerlich gefestigte Wahrheit auf eine andere trifft, werden sie sich in der Regel annehmen. Konflikte entstehen eher dort, wo Wahrheit auf Schein und Lüge trifft. Das ist der Preis der Wahrheit und auszuhalten, was uns zur nächsten Aufgabe bringt: der Überwindung unserer Verletzlichkeit.

---

46 Nach dem (umstrittenen) sog. Maharishi-Effekt genügt eine ständige Meditationsgruppe in der Größe der Quadratwurzel von einem Prozent der Bevölkerung, um messbare positive Veränderungen in der Umgebung zu bewirken. Im Fall von Zürich mit 400 000 Einwohnern würden 64 Personen also genügen.

47 Weitere Vorschläge von der hochengagierten freien Journalistin Caitlin Johnstone: https://medium.com/@caityjohnstone/one-rebel-3b680751a616

Die Befreiung vom Mangel

Wer die Welt von der Ideologie befreien will, muss sich zunächst selbst befreien. Das ist selbstverständlich. Aber die bloße Erkenntnis, Opfer einer zerstörerischen Weltanschauung zu sein und der Wille, sich davon zu befreien reichen nicht. Es braucht ein Verständnis des Mechanismus, mit dem uns die Ideologie zum Opfer macht und eine Methode, sich von dieser Rolle zu lösen. Der Schlüssel dazu ist der Mangel.

Seit es den Menschen gibt, ist der Mangel sein ständiger Begleiter. Unter allen Lebewesen hat er wohl die größte Fähigkeit, mit Defiziten zurechtzukommen, vor allem durch seine sozialen Fähigkeiten. Diese entfalten sich allerdings eher in Gruppen mit persönlichen Beziehungen als in größeren Gebilden. Während es relativ robuste Hinweise dafür gibt, dass der Mensch als Jäger und Sammler relativ gut mit Mangel umgehen konnte, hat sich das mit der Sesshaftigkeit und der Überschussproduktion grundlegend und mit der Erfindung des privaten Kreditgeldes in geradezu perverser Weise geändert.

Gemäß dem US-Neurowissenschaftler Peter Whybrow hat sich das menschliche Gehirn in einer von Kargheit geprägten Umgebung entwickelt und ist gar nicht für eine Welt des extremen Überflusses vorgesehen. Die Konsequenz: «Wir haben eine physiologische Funktionsstörung erzeugt. Wir haben die Fähigkeit zur Selbstregulierung auf allen gesellschaftlichen Ebenen verloren.»[48]

Der systemische Mangel – immer mehr Schulden als Geld – erzeugt bei den einen Überfluss, der nicht verwendet werden kann und bei den anderen ein Defizit an Lebensnotwendigem. Aber alle haben immer zu wenig, gefühlt oder real. Dieses Mangelbewusstsein beherrscht so gut wie alle bis tief in ihr Fühlen und Verhalten. Allein der Anblick von Abbildungen von Geld (nicht einmal echte Noten) macht uns egoistischer, sagt die Forschung.[49]

---

48 Peter Whybrow: Wenn mehr nicht genug ist – Analyse einer gierigen Gesellschaft (2007). Original: American Mania: When More Is Not Enough (2005)
49 Eine Fülle von Studien über die psychologische Wirkung des Geldes sind zusam-

Dieses Mangelbewusstsein lässt sich nicht allein durch Erkenntnis beheben – ich habe es versucht. Es braucht auch eine gewisse List und Praxis. Die Selbstüberlistung besteht darin, Geld zu verschenken. Um Geld überhaupt verschenken zu können, muss sich der Schalter des Mangelbewusstseins umlegen von «es fehlt» auf «es hat genug». Wer täglich etwas Geld verschenkt – fünf Franken sind für viele ein geeigneter Betrag – wird nach einiger Zeit eine Veränderung des Bewusstseins feststellen. Und wenn es sich nach vielleicht drei Monaten stabilisiert, hat man sich nicht nur von etwas Geld befreit, sondern vor allem von einem mentalen Zwang. Das Überfluss-Bewusstsein wirkt übrigens in zwei Richtungen: Wer gibt, dem wird gegeben. Gurus, die uns (und sich) reich machen wollen, empfehlen deshalb gerne, Geld zu verschenken. Ob es auch mit egoistischer Absicht funktioniert, ist schwer zu beurteilen; empfehlen würde ich es jedenfalls nicht. Tun Sie es zur Befreiung, nicht zur Bereicherung.

Zusammengefasst: Um uns von der Opferrolle der Geldideologie zu befreien, müssen wir das Mangelbewusstsein mit Freigebigkeit meistern.

Die Überwindung des Mangelbewusstseins hilft allerdings nur, die psychischen Wirkungen des Geldes zu neutralisieren. Das ist ein guter Schritt. Aber der nächste könnte eine noch viel tiefere Wirkung haben.

mengefasst in: Claudia Hammond: Erst denken, dann zahlen. 2017.

Fürchtet euch nicht!

Natürlich muss man auch über die Angst reden, ein Urgefühl, dessen Herkunft wir nicht kennen, umso mehr seine Wirkungen: Sie lähmt, sie verengt die Aufmerksamkeit, sie behindert das Denken und vieles mehr. Sie führt auch zu körperlichen Reaktionen, selbst aus eingebildetem Anlass. In der Phase der Erregung erhöht der Sympathikus als Teil des autonomen Nervensystems die nach außen gerichtete Aktionsfähigkeit: Herzschlag, Durchblutung und Stoffwechsel werden beschleunigt, Verdauung und Ausscheidung eingestellt. Klingt die Wirkung der Stresshormone ab, sorgt der ebenfalls autonome Parasympathikus für Erholung: Durchblutung und Energieverbrauch werden reduziert und Verdauung und Ausscheidung aktiviert, bis hin zu Pinkeln und Weinen. Wird diese Anpassungsphase dauerhaft gestört, u. a. durch latente, unbewusste Angst, arbeiten Sympathikus und Parasympathikus gleichzeitig, also gegeneinander. Das Resultat ist Erschöpfung, unter der heute breite Bevölkerungsschichten leiden, und das mit Grund.

Rainer Mausfeld, Prof. em. für Wahrnehmungspsychologie, beschreibt in seinem Essay «Angst und Macht» (Westend Verlag, 2019), warum Angst nicht nur eine zwingende Folge der neoliberalen Wettbewerbsgesellschaft ist, sondern wie sie auch ganz bewusst verbreitet und finanziell profitabel eingesetzt wird. «Der Markt weiß alles, das Individuum nichts», schreibt Mausfeld. «Dies erzeugt einen Kontrollverlust. Die daraus entstehenden Ängste können nicht durch eigenes Handeln oder durch ein kollektives ‹Wir› aufgefangen werden.» (S. 78) Prekarisierung erzeugt Realangst. Indem man sich selbst dafür verantwortlich macht, transformiert sich die Realangst in «Binnenangst» – ich bin nicht gut genug. Dabei können gar nicht alle gut genug sein. Es entsteht sogar eine Identifikation mit dem Aggressor (S. 89). Ein Beispiel: Die Verbesserung der Bewerbungsunterlagen, wie sie in allen Arbeitslosenprogrammen bis zum Überdruss trainiert wird, erhöht das Jobangebot um keinen einzigen Arbeitsplatz. Aber sie führt die Bewerber zur

Identifikation mit den Herren des Arbeitsmarktes – ihnen will man schließlich gefallen.

Angst wird gemäß Mausfeld auch durch aufgebauschte Bedrohungen (z. B. durch Terroristen) oder konstruierte Feindbilder («der Russe kommt») gezielt verbreitet. «All das, was als Kampf gegen eine Bedrohung verkauft wird, darf gar nicht erfolgreich sein, weil sein Erfolg für die ökonomischen und politischen Zentren der Macht gerade darin liegt, nicht erfolgreich zu sein und als Mittel der Angsterzeugung und Herrschaftssicherung erhalten zu bleiben.» Die Angst wird nicht beseitigt, weil sie durch Aufrüstung und Verdichtung der Kontrolle profitabel ist.

Wer die Wirkung gesellschaftlich induzierter Angst reduzieren will, sollte sich von Medien fernhalten, die gerne Bedrohungen und Feindbilder bewirtschaften. Auch unbegründete Angst ist ansteckend.

Wenn wir weiter zu den Gründen unserer Anfälligkeit für Angst vordringen, stoßen wir früher oder später auf die Wirkungen des *Ego*, hier in der Bedeutung eines falschen Selbstbildes, das durch Identifikation mit Dingen entsteht, die wir nicht sind: Rolle(n), Ruf, Status, Besitz. Weil diese Dinge falsch sind – indem wir sie eben nicht sind – können wir sie jederzeit verlieren. Verlustangst ist die Folge. Es ist kein Zufall, dass in unserer verrückten Gesellschaft gerade jene besonders erfolgreich sind, die diese Angst durch Negation bekämpfen. Die Lösung ist natürlich nicht, einfach zur Angst zu stehen und dann ängstlich sein zu dürfen (höchstens als Übergangsphase), sondern die falschen Selbstbilder abzubauen und dann angstfrei vor dem Verlust von Status etc. handeln zu können.

Dann werden wir erfahren, ob der Stoiker Seneca recht hatte, als er sagte: «Nicht weil es schwer ist, wagen wir es nicht. Weil wir es nicht wagen, ist es schwer.» Der schnellste Weg, die Angst zu überwinden ist also, es trotzdem zu tun.

Die ersten Schritte könnten genügen – theoretisch

Mit dieser Vorbereitung – der Erkenntnis der systemischen Zwänge, der Erfahrung von Sinn, der gelebten inneren und äußeren Wahrheit, der Befreiung aus der Opferrolle des Mangelbewusstseins und der Überwindung der Angst – mit dieser Vorbereitung sind wir ziemlich fit für die Entmachtung der Ideologie. Selbst wenn dieses Ziel in unerreichbarer Ferne scheint, können wir uns zuversichtlich ans Werk machen. Auch ohne sichtbare Wirkung im Kollektiv werden uns die ersten paar Schritte soviel persönlichen Gewinn verschaffen, dass man fast dankbar sein möchte für die Krise der Menschheit. Möglicherweise könnten die ersten Schritte – Analyse und Erkenntnis, Sinn, Wahrheit und Angstfreiheit – sogar genügen, wenn sie von genügend Menschen getan werden.

«Genügend» heißt von fünf bis zehn Prozent der Menschen, wie eine Studie über das Schwarmverhalten von Menschen gezeigt hat.[50] Zehn Personen können die Bewegungsrichtung einer Gruppe von hundert bestimmen, fünf, wenn die Führungspersonen in der Mitte und an den Rändern platziert waren. Zehn Prozent, sagt eine amerikanische Studie, sind erforderlich, um einer Idee oder Überzeugung zum Durchbruch zu verhelfen. Dann kann es ziemlich schnell gehen.[51]

Zehn Prozent der Menschen, das sind 763 Millionen. Dieser Wert ist theoretisch, im Grunde also möglich. Um sicher zu gehen, steigen wir besser in die Praxis ein. Und damit wird es zur Abwechslung wieder ein bisschen militärisch.

---

50 John R.G. Dyer, Anders Johansson, Dirk Helbing, Iain D. Couzin and Jens Krause: Leadership, consensus decision making and collective behaviour in humans. Philosophical Transactions of the Royal Society. Dez. 2008. https://royalsocietypublishing.org/doi/pdf/10.1098/rstb.2008.0233.

51 J. Xie, S. Sreenivasan, G. Korniss, W. Zhang, C. Lim, and B. K. Szymanski: Social consensus through the influence of committed minorities. Physical Review. July 2011. https://journals.aps.org/pre/abstract/10.1103/PhysRevE.84.011130

Die beste Verteidigung

Wir haben ein großes Problem: Der Gegner – die Ideologie des illusionären Geldes und der automatischen Umverteilung – ist in kontinuierlichem Vormarsch, erzeugt ständig neue Krisen, verschafft sich neue Ressourcen und erlässt laufend neue Regeln, die den legalen Widerstand erschweren. Wir können deshalb nicht, wie es die strategische Doktrin empfiehlt, unsere Stellung sichern, auf einen Fehler des Gegners warten und die Gunst der Stunde nutzen.

Nicht wenige denken, das Finanzsystem würde sich von selbst erledigen. Das stimmt. Aber sein Zerfall wird nicht von uns gemanagt, sondern von denen, die ihn verursachen. «Alles was wir brauchen, ist eine richtig große Krise und die Nationen werden die neue Weltordnung akzeptieren», sagte David Rockefeller schon in den 1990er Jahren.[52] Wir dürfen also davon ausgehen, dass die Manager des Zerfalls auch den Zeitpunkt eines allfälligen Zusammenbruchs bestimmen und optimalen Nutzen daraus ziehen. Man kann sich zwar individuell auf eine finanzielle Kernschmelze einstellen und sich vielleicht ein bisschen absichern – wenn man etwas zu sichern hat. Aber zu gewinnen gibt es für uns aus einem Crash erst dann etwas, wenn wir für das Neue auch organisatorisch bereit sind. Aber so weit sind wir noch nicht. Und deshalb wollen wir einen Crash auch nicht erleben, solange wir ihn nicht kontrollieren. Denn der Fall ist hart, wie Dmitry Orlov in seinem Buch «The Five Stages of Collapse» illustriert:[53]

Stufe 1: Finanzieller Zusammenbruch. Der Glaube an ‹business as usual› ist verloren. Es wird nicht mehr davon ausgegangen, dass die Zukunft in einer Weise der Vergangenheit ähnelt, die eine Risikobewertung und eine Garantie von finanziellen Vermögenswerten ermöglicht. Finanzinstitute werden zahlungsunfähig, Ersparnisse werden ausgelöscht und der Zugang zu Kapital geht verloren.

---

52 Die Korrektheit des oft kolportierten Zitates konnte nicht überprüft werden.
53 Dmitry Orlov: The Five Stages of Collapse. New Society Publishers, 2013, S. 14/15

Stufe 2: Kommerzieller Zusammenbruch. Der Glaube, dass «der Markt liefern wird», ist verloren. Geld wird abgewertet und/oder knapp, Güter werden gehortet, Import- und Handelsketten brechen zusammen und eine weit verbreitete Knappheit an Lebenswichtigem wird zur Norm.

Stufe 3: Politischer Zusammenbruch. Der Glaube, dass «sich die Regierung schon kümmern wird», ist verloren. Da offizielle Versuche, den Mangel an Lebensnotwendigem zu mildern, weitgehend scheitern, verliert das politische Establishment an Legitimität und Relevanz.

Stufe 4: Sozialer Zusammenbruch. Der Glaube, dass «sich die Leute um dich kümmern», geht verloren, indem lokale soziale Institutionen, Wohltätigkeitsorganisationen etc., die das Machtvakuum füllen, ihre Ressourcen verbrauchen oder infolge interner Konflikte versagen.

Stufe 5: Kultureller Zusammenbruch. Der Glaube an die Güte der Menschheit geht verloren. Die Menschen verlieren ihre Fähigkeit zu ‹Freundlichkeit, Großzügigkeit, Rücksichtnahme, Zuneigung, Ehrlichkeit, Gastfreundschaft, Mitgefühl, Nächstenliebe›. Familien lösen sich auf und konkurrieren als Individuen um knappe Ressourcen. Das neue Motto lautet: «Mögest du heute sterben, damit ich morgen sterben kann.»

Dass über einen kontrollierten Crash und eine Auflösung der Demokratie von oben nachgedacht wird und Pläne bestehen, halte ich für eine realistische Einschätzung. Die Strategen auf der anderen Seite wissen, dass aus einem Chaos viel mehr herauszuholen ist, als aus geordneten Veränderungen. Der Zeitpunkt für einen derart massiven Schritt scheint allerdings noch nicht gekommen; die Kontrollen zur Beherrschung derartiger Zustände sind noch nicht ausreichend etabliert. Aber es wird an ihnen gearbeitet, wie der Ausbau der Polizeikräfte für bürgerkriegsähnliche Zustände zeigt, nicht zuletzt bei der demokratieschwachen Europäischen Union. In Norddeutschland gibt es sogar eine komplette Übungsstadt für die Bekämpfung von Unruhen.

Die Auslösung eines Crashs ist übrigens ein Leichtes. Das Finanzsystem ist bereits klinisch tot und wird nur noch mit Notmaßnahmen am Leben erhalten. Eine gezielte Indiskretion, und die Dominosteine fallen.

Da Angriff noch immer die beste Verteidigung ist, müssen wir zeitnah angreifen und können – großer Nachteil! – den Zeitpunkt nicht bestimmen. Die Repräsentanten der Ideologie dagegen können den Verlauf der multiplen Krise nach Belieben beschleunigen oder verlangsamen. Wir können sie höchstens in Verlegenheit bringen, indem wir beschleunigen und sie zu einer Reaktion zwingen, die sie nicht im Plan hatten. Das erscheint zwar strategisch schlüssig, halte ich aber für ziemlich verwegen. Zu einem derartigen Putsch sind wir einfach noch nicht in der Lage.

Wir müssen das Gesetz der Tat also auf andere Art in unsere Hand bringen. Als erstes Handlungs- (und Übungs)feld bieten sich unsere Beziehungen an. Seit rund 30 Jahren bin ich überzeugt, dass unsere Welt eine fundamentale Neuorientierung braucht. Aber erst seit einem Jahr sage ich dies auch bei allen passenden Gelegenheiten – unter Freunden, im Zug, an Anlässen. Wann immer das Gespräch auf die Welt kommt und wir uns einig sind, dass alle notwendigen Reformen verhindert werden, ist der Konsens da: «Wir brauchen eine Umwälzung!» Die Erkenntnis hat, vermutlich weil sie wahr ist, erhebliches Ansteckungspotenzial. Die 760 Millionen sind so natürlich nicht zu erreichen. Aber es ist ein vielversprechender Anfang. Es tut rundum gut, Klartext zur Notwendigkeit einer Umwälzung zu sprechen. Und sobald wir es einmal gewagt haben, wird es leicht, und wir können den nächsten Schritt ins Auge fassen.

Ähnliches mit Ähnlichem

In der nächsten Phase muss es darum gehen, den Gegner anzugreifen und dabei ein Feld zu wählen, auf dem er schwach ist und wir unverwundbar sind. Schwach ist er auf dem Gebiet des Geistes – deshalb versucht er ständig, uns emotional und intellektuell zu beeinflussen und deshalb werden abweichende Meinungen so scharf bekämpft, sobald sie «das System» infrage stellen. Unverwundbar sind wir, wenn wir nicht als Gegner auftreten, sondern gewissermaßen als Verbündeter. Und schließlich müssen wir, da gering an Zahl, darauf achten, mit möglichst wenig Aufwand möglichst große Wirkung zu erzielen.

Das Mittel erster Wahl, das alle diese drei Erfordernisse erfüllt, ist die soziale Homöopathie. Dieses Fachgebiet muss zwar erst noch erforscht und entwickelt werden, aber seine erste Regel kann von allen angewendet werden, die etwas zur Gesundung der Gesellschaft beitragen wollen. Der Grundsatz der sozialen Homöopathie besteht darin, einen gesellschaftlichen Missstand nicht mit Gegenmaßnahmen zu behandeln, zum Beispiel mit Protest, Widerstand oder Sanktionen, sondern durch Injektion des krankmachenden Impulses in homöopathischer Dosis in den sozialen Organismus.

Begriff und Grundsätze der Homöopathie stammen von dem deutschen Arzt Samuel Hahnemann (1755 bis 1843), der beobachtet hatte, dass Stoffe, die bei Gesunden Krankheitssymptome erzeugten, zur Heilung dieser Krankheiten eingesetzt werden können – daher das Prinzip der Ähnlichkeit. Um nicht krank zu machen, sondern die Selbstheilungskräfte anzuregen, müssen diese Arzneien potenziert, d.h. in geringsten Dosen verabreicht werden. Weil die Anwendung der Homöopathie auf soziale Phänomene so vielversprechend erscheint, möchte ich an dieser Stelle noch auf ein paar Hintergründe eingehen, die ich im August 2008 in einem Gespräch mit dem bedeutenden homöopathischen Arzt Jürgen Becker[54] erfahren habe. Er erklärte mir:

---

54 Dr. med. Jürgen Becker (1951 bis 2017) praktizierte als homöopathischer Arzt in Freiburg i.Br., bildete zahlreiche Ärzte in Homöopathie aus und ist hauptverantwortlich für den weltweit einmalig hohen Anteil von 30 Prozent Homöopathen unter den niedergelassenen Allgemeinpraktikern in Freiburg i.Br.

«Die Homöopathie ortet die Lebensvorgänge auf fünf verschiedenen Ebenen, der materiellen, der vital-körperlichen, der emotionalen, der mentalen und der spirituellen Ebene des Lebens. Ein Vorgang wird in der Regel auf seiner eigenen Ebene im Gleichgewicht gehalten. Wenn das aus irgendeinem Grund nicht geschieht, müssen die Selbstheilungskräfte auf der nächsthöheren Ebene aktiviert werden. Das geschieht über potenzierte Naturstoffe, die in der entsprechenden Potenz bei Gesunden ähnliche Symptome erzeugen, wie der Kranke sie erlebt.

Wenn wir ein Problem auf irgendeiner Ebene nicht haben wollen, fällt es eine Etage tiefer und manifestiert sich dort als Symptom. Schließlich landet es im Körper. Das ist der Sack, der alles aufnehmen muss, dessen Sprache die Medizin aber leider nicht mehr versteht. Normalerweise haben wir kein Verständnis dafür, was ein bestimmtes Symptom ausdrückt und enthält. Die Aufgabe der Homöopathie ist es nun, das Geschehen rückwärts aufzuwickeln, die ins Körperliche verdrängten Vorgänge zu erkennen und auf der nächsthöheren Ebene wieder in Schwung zu bringen. Sie tut dies, indem sie das Symptom erst einmal auf der Ebene, auf der es erscheint, verdeutlicht und verschärft, sodass sich die Selbstheilungskräfte auf der nächsthöheren Ebene aktivieren.

Kalte Hände zum Beispiel sind ein Phänomen auf der materiellen Ebene. Wenn wir sie in kaltes Wasser tauchen – Verschärfung! –, wird die Zirkulation angeregt, ein Vorgang auf der vital-körperlichen Ebene, und die Hände werden wieder warm. Ein anderes Beispiel: Bei einem Menschen, der unter Depressionen leidet – emotionale Ebene – finden sich die Heilungskräfte auf der mentalen Ebene in unseren Glaubenssätzen. Wer sich dauernd mit anderen vergleicht und sich sagt ‹ich werde nie so glücklich sein wie die anderen›, wird mit der Zeit depressiv. Und wenn sich die Depression chronifiziert, werden früher oder später körperliche Symptome auftreten.

Zu einer Störung kommt es nicht, indem wir an den Schwierigkeiten erkranken, die wir haben – mit denen haben wir nur unsere Schwierigkeiten –, sondern an denen, die wir nicht annehmen, die wir nicht haben wollen. Oder anders ausgedrückt: Wir leiden nicht an den Problemen, die wir haben, sondern an denen, die wir verdrängen.

Krankheit verkörpert das, was weg sein soll. Da kann die Erkenntnis, dass die Krankheit wirklich da ist, den Selbstheilungsprozess schon fördern.

Die religiöse Ebene reguliert alle unter ihr liegenden. Es bleibt ein Geheimnis, dass auf dieser Ebene keine allgemeingültigen Aussagen möglich sind. Die Beziehung zwischen uns Menschen und dem Höheren ist dem Werkzeug der mentalen Ebene, dem Verstand, nicht wirklich zugänglich. Er kann sich der spirituellen höchstens annähern. Mit Sicherheit wissen wir nur, dass auch religiöse Überzeugungen einen großen Einfluss auf die Gesundheit haben. Das ganze Leben ist eben ein System von Selbstheilungskräften, auch der Tod. Letztlich heilt er alles.»[55]

Wie können wir die soziale Homöopathie, dieses neue Werkzeug nun konkret einsetzen? Damit ließe sich eine Vielzahl von unerwünschten Zuständen behandeln, von der Konsumsucht über die Raserei bis zum Stress. Aber das muss noch erforscht und entwickelt werden.

Wir wollen mit der sozialen Homöopathie das Fundament des Gegners erreichen, wo er stark und gleichzeitig verletzlich ist: dem Glauben ans Geld. Dass es nicht mehr als ein Glaube ist, wissen wir inzwischen nicht nur, das zeigt auch die Symbolik der wichtigsten Geldscheine der Erde, des Dollars. «In God We Trust» – wir vertrauen dem Gott Mammon. Und das allsehende Auge! Schon die alten Ägypter sahen das Auge als göttliches Organ und Symbol der Gottheit. Der Name ihres wichtigsten Gottes «Osiris», des Herrschers über die Unterwelt und Hüters der Pforte zum Jenseits, bedeutet «Stätte des Auges». Und im Alten Testament bezeichnen die Israeliten ihre Propheten als «Seher». Geld ist also eine universelle Religion, die Banken sind ihre Kirche.

Diesen Glauben an das illusionäre Geld wollen wir mit einer einfachen Botschaft ins Wanken bringen:

«Glaubet ans Geld!»

Oder alternativ:

---

55 Das Interview ist erschienen in Zeitpunkt Nr. 97, Sept./Okt. 2008.

Glaubet ans Geld!

Foto: Muhamad Jonizar/Unsplash, Bearbeitung: Michael Pfluger

«Vertraut den Banken!»
Oder
«Besitz ist Glück!»

Dass diese Botschaften wirken, liegt nicht nur am homöopathischen Prinzip, sondern hat noch einen tieferen, gewissermaßen
philosophischen Grund: Wenn wir etwas unbewusst und zwanghaft
tun, dann ist der erste Schritt zur Ursächlichkeit, es bewusst und mit
Absicht zu tun. Mit dieser einfachen Maßnahme werden wir wieder
Meister unserer Gedanken.

Wir können diese Botschaften auf zig Arten unter die Leute bringen, die Kanäle sind da. Plakate, Flugblätter, Filme, aber auch Per-
formances, Installationen (Kapellen zur Anbetung des Geldes), Aktionen (fiktive Bankruns), Statements an öffentlichen Veranstaltungen.
Wichtig: möglichst öffentlich, möglichst direkt. Digitale Netzwerke
halte ich für ungeeignet. Da schwimmen schon zu viele Substanzen
mit unbekannten Nebenwirkungen (nicht selten als beabsichtigte
Hauptwirkung) herum. Aber vielleicht finden wir auch dafür noch
eine passende Arznei.

Was dann passiert, können wir nicht wissen. Es könnte mit einer

Erstverschlechterung beginnen und vielleicht in eine um sich greifende Erweiterung des kollektiven Bewusstseins münden – der Anfang einer ansteckenden Gesundheit. Natürlich wird der Erfolg davon abhängen, wieviele Menschen sich als Barfußärzte dieser politischen Medizin verschreiben. Aber weil es eine ansteckende Gesundheit ist, braucht es für den Beginn nicht viele.

Wenige mögen also genügen. Aber es braucht auch Qualität. Der gute Arzt geht nicht, sobald er die Arznei verabreicht hat; er überlässt den Heilungsprozess nicht sich selbst; er bleibt, bis der Patient gesund ist.

Die soziale Homöopathie ist eine (Heil-)Kunst, d. h. ihre Anwendung liegt in der Freiheit des Einzelnen. Aber es gibt Regeln der Kunst:

1. Grundlagen der sozialen Homöopathie sind die heilende Absicht und die Liebe. Wer die Menschen verachtet, die unter einem bestimmten Impuls leiden, kann nicht heilend eingreifen. Aktionen ohne Liebe und heilende Absicht bleiben auf der Ebene der Provokation oder gar der Aggression stecken und sind kontraproduktiv. Je umfassender die Liebe und Verantwortung, desto größer der potenzielle Erfolg.

2. Es gibt keine homöopathische Dosis, die in jedem Fall richtig ist. In jeder Gruppe gibt es Individuen, denen die Dosis entweder zu stark ist oder deren Reizschwelle nicht erreicht wird. Im Zweifelsfall ist die Dosis eher zu schwach anzusetzen, da auch ein Eingriff unter der Reizschwelle etwas bewirkt, nur liegt das Resultat unter unserer Wahrnehmungsschwelle.

3. Weil es die richtige Dosis nicht geben kann, muss die soziale Homöopathie so erfolgen, dass individuelle Kommunikation möglich ist, um die Wirkung zu steuern, z. B. durch ein klärendes Gespräch, durch zusätzliche Information oder durch Wahrnehmung der Aktion aus verschiedenen Blickwinkeln.

4. Der sozial-homöopathische Impuls wirkt in der Regel länger als die Dauer des Eingriffs. Die Praktizierenden müssen deshalb dafür sorgen, dass eine Nachbetreuung möglich ist, entweder durch Aussprache, eine Kontaktmöglichkeit oder sonst ein geeignetes Kommunikationsmittel.

5. Die sozial-homöopathische Maßnahme erreicht oft auch Menschen, die einen solchen Eingriff ablehnen oder sich ihm nicht gegen ihren Willen aussetzen wollen. Die Aktionen sollten deshalb mit Humor gestaltet werden, dass sich die Betroffenen ihnen durch Lachen oder Spott entziehen können.

6. Sozial-homöopathische Eingriffe können bei Einzelnen eine Erstverschlechterung auslösen, die sich in Aggression oder einer scheinbar gegenteiligen Wirkung äußert. Die Praktizierenden sollten solchen Reaktionen mit Offenheit und Liebe begegnen und nicht unbewusst das Verhalten und die Emotionen der Menschen übernehmen, mit denen sie arbeiten.

7. Sozial-homöopathische Maßnahmen werden bevorzugt von zwei oder mehreren gleichberechtigten Menschen durchgeführt. Damit soll einerseits Egoismen vorgebeugt und andererseits die Wahrnehmung verbreitert und vertieft werden. Zwei Menschen haben mehr als doppelt soviel Bewusstsein, nämlich dasjenige als Individuen und dasjenige als Gruppe. Zudem können sich mehrere Menschen bei Bedarf helfen.

8. Das Hauptinstrument der Wahrnehmung ist die Intuition. Weil es in der sozialen Homöopathie vorab um innere Prozesse geht, liegt die Hauptebene der Realität im Inneren, wo die Phänomene viel früher wahrnehmbar sind, als äußere Zeichen sichtbar werden.

9. Soziale Homöopathie darf nicht mit finanziellen Interessen verknüpft werden. Spenden und Geschenke ohne definierte Gegenleistungen sind die einzig tolerierten Zuwendungen. Gewinne jenseits der Lebenshaltungskosten sind ausgeschlossen.

10. Die soziale Homöopathie steht jedermann offen. Die Berufsbezeichnung «soziale(r) Homöopath(in)» ist an eine entsprechende (zu schaffende) Ausbildung gebunden. Die Durchsetzung eines hohen Ausbildungsniveaus ist der einzige Eingriff in die Praxisfreiheit der Praktizierenden.

Die soziale Homöopathie ist die hohe Schule des friedlichen Angriffs. Daneben gibt es natürlich andere, bewährte und gewaltfreie Methoden, die wir keinesfalls vernachlässigen sollten, wenn es darum geht, die Kräfte des Gegners (den Irrglauben!) an vielen Fronten zu binden.

Widerstand schafft Wirklichkeit

Widerstandskämpfer haben eine überragende Stellung in der Geschichte, von Jesus über Luther bis zu Gandhi. Mit beschränkten Mitteln ist es Einzelnen immer wieder gelungen, übermächtige, gewalttätige Herrscher in die Knie zu zwingen. Viel häufiger allerdings nicht. Die Ursachen der Misserfolge sind aber weniger bei ihnen zu suchen, sondern in ihrem Umfeld. Denn hier gelten die Gesetze der Massenpsychologie, und deren Gültigkeit wird von den Menschen gerne verneint. Wir wollen doch Individuen sein und nicht Masse! Das ist aber nur beschränkt richtig.

Wenn wir einer bestimmten Überzeugung sind, dann werden wir alle widersprechenden Informationen zunächst ablehnen, die Quellen infrage stellen oder uns eine neue Erklärung basteln, die den Widerspruch zwischen der Realität und unserem Glauben irgendwie überbrückt. Das ist die kognitive Dissonanz. Eines der eindrücklichsten Beispiele ist das Auto, Symbol der freien Mobilität. Dabei stehen wir dauernd im Stau und wären mit dem Rad gesünder und schneller unterwegs, insbesondere wenn man die Kosten des Automobils in Zeit umrechnet.

Dass wir mit solchen Widersprüchen leben können, ist ein Produkt der kognitiven Dissonanz, die der amerikanische Sozialpsychologe Leon Festinger in den 1950er Jahren untersuchte (When Prophecy Fails, 1956). Es ist eine Form des Selbstbetrugs, die von der Werbung systematisch verstärkt wird (Rauchen: «Freiheit und Abenteuer»). Werbung in Zeiten des Überflusses macht eigentlich nichts anderes, als kognitive Dissonanzen zu schaffen und zu verstärken, und das mit etlichen tausend Werbebotschaften pro Mensch und Tag. Wahnsinn, im wahrsten Sinn des Wortes.

Oder wie Alain de Botton in seiner «Religion für Atheisten» schreibt: «Was auch immer wir uns selbst über unsere Meinungsfreiheit einreden, unsere Wertvorstellungen haben eine verdächtige Ähnlichkeit mit denen der Unternehmen, die sich die beste Werbezeit leisten können.»

Vor allem aber betrügen wir uns selbst, vermutlich aus Trägheit und aus (schwach begründeter) Angst vor der Wahrheit. Überzeugungen aufgrund von kognitiver Dissonanz werden deshalb besonders hartnäckig verteidigt, erstaunlicherweise besonders von Gebildeten. Dabei ist das ganze neoliberale System bei Lichte besehen eine einzige dissonante Kakofonie, die mit einem Sperrfeuer von kognitiven Tricks verteidigt wird. Es scheint fast unmöglich, dagegen anzukämpfen. Aber das ist nur in unserer Vorstellung schwierig (deshalb tun wir es nicht), wie der Gestaltpsychologe Solomon Asch (1907 bis 1996) entdeckte.

Solomon Asch wurde mit seinem Konformitätsexperiment berühmt, in dem er zeigte, dass Gruppendruck einen Menschen dazu bewegen kann, eindeutige Falschaussagen als richtig zu bewerten. Versuchspersonen mussten in dem Experiment in der Gruppe die Länge von eindeutig unterschiedlichen Linien beurteilen. Wenn alle übrigen Gruppenmitglieder heimlich instruiert wurden, eine falsche Einschätzung abzugeben, so schloss sich die Versuchsperson in drei Viertel der Fälle dem falschen Gruppenurteil an. Bingo! Der Mensch passt also seine Wahrnehmung der Wirklichkeit der Wahrnehmung der Mehrheit an – ein weiterer Hinweis auf die überragende Bedeutung des Kollektivs. Die Übernahme fremder Wahrnehmung mag in einer von Naturkräften dominierten Welt überlebenswichtig sein – «in Sicherheit, der Löwe kommt!». Dieser Umstand dürfte auch die Basis für die Funktionsfähigkeit der Demokratie sein. Die kollektive Einschätzung einer Sache ist fast durchgehend zutreffender als die Meinung von Experten. Wenn es darum geht, die Zahl von Kugeln in einer Glasschale zu schätzen, ist eine genügend große Gruppe konstant zuverlässiger als Mathematiker und Physiker.

Die Übernahme der kollektiven Wahrnehmung ist allerdings nur in einer relativ natürlichen Welt von Vorteil, nicht aber in einer von absurden Konzepten gestalteten Welt, in der wir orientierungslos herumirren.

Solomon Asch hat aber auch noch etwas anderes herausgefunden: Eine einzige abweichende Meinung kann den Ausschlag geben. Wenn in seinem Experiment nur ein einziges Mitglied der Gruppe an der Wahrheit festhielt, waren die Versuchspersonen mehrheitlich geneigt, ihren eigenen Augen zu trauen. Das Individuum hat also entscheidende Macht – wenn es zur Wahrheit steht. Aber dazu muss es sie zuerst erkennen.

Weil der Widerstand so wichtig ist, spielen wir ausnahmsweise – und selbstverständlich friedlich – auf den Mann. Die zerstörerische Ideologie, die wir zerlegen wollen, wird von Experten, Politikern und anderen Lautsprechern aller Art mit ermüdender Penetranz in die Masse hinausgetragen. Sie tun dies mit Vorliebe – und wahrscheinlich auch geplant – in Umständen, die sie kontrollieren und bei Gelegenheiten, an denen Widerspruch nicht geäußert werden kann: von Podien herab, über die Massenmedien oder an ihren eigenen Veranstaltungen.

Um diesen Lautsprechern das Handwerk zu legen, müssen wir sie in kontradiktorische Diskussionen verwickeln, in denen die Hohlheit ihrer Argumente zum Ausdruck kommt. Solche Disputationen nach allen Regeln der Fairness werden auf Video aufgenommen, veröffentlicht und dem kollektiven Gedächtnis zur Verfügung gestellt. Die Wirkung ist zweifach: Zum einen ist der Widerspruch öffentlich, zum andern wird sich der Lautsprecher hüten, offensichtlich widerlegte Positionen weiterhin zu vertreten. Zugegeben: Manche sind so dreist und so gut bezahlt, dass sie sich von ihrem eigenen Bullshit nicht beeindrucken lassen. Aber es ist eine der wirkungsvolleren Formen des Widerstands.

Unerlässlich ist es auch, an öffentlichen Veranstaltungen das Wort zu ergreifen und der kognitiven Dissonanz des Neoliberalismus Widerstand zu leisten: nüchtern, freundlich, aber scharf. Und dabei nicht vergessen: Eine einzige Meinung kann den ganzen Saal zum Nachdenken und zur Überprüfung der eigenen Wahrnehmung bringen. Man darf dabei durchaus Gefühle zeigen. Sie sind die Energie, die Denken und Handeln verbindet. Dass Abwertung, Respektlosigkeit oder gar Hass tabu sind, sei hier nur der Vollständigkeit halber erwähnt.

Man kann auf tausend Arten Widerstand gegen die herrschende Ideologie leisten, und man soll es auch. Aber man sollte es nicht alleine tun und man darf sich nicht erschöpfen damit. Die beste Strategie ist nutzlos, wenn den Soldaten die Kraft ausgeht. Wie wir sie bewahren, ist deshalb von entscheidender Bedeutung.

Wie du ihm, so er dir

Bevor wir uns im Konkreten mit unseren Kräften befassen, sollten wir uns ein Naturgesetz in Erinnerung rufen: das Prinzip von actio = reactio (das dritte Newtonsche Axiom). Es besagt, dass zu jeder Kraft, die auf einen Körper wirkt, eine entgegensetzte Kraft auf den Verursacher zurückwirkt. Das Prinzip gilt zwar nur in der Physik, kann aber mit gewissen Einschränkungen auch auf unser Gebiet der kollektiven Bewusstseinsveränderung angewendet werden. Je heftiger wir einen Feind bekämpfen, desto größer werden die Gegenkräfte sein und desto eher werden wir ermatten. Die Lösung ist natürlich nicht Tatenlosigkeit – da geht uns die Kraft durch Unternutzung verloren. Vielmehr sollten wir im «Gegner» keinen Feind sehen, sondern eher einen verwirrten Freund.. Und wenn wir schon mit Feindbildern arbeiten wollen, die bekanntlich große Mobilisierungskraft entwickeln, dann sollten sie sich nicht auf Menschen richten, sondern auf den monetären Irrglauben. Luther hat sich in seinen 95 Thesen vor allem mit den Irrlehren der katholischen Kirche befasst, weniger mit dem Papst, der sie vertrat. Und sie hatten trotzdem – oder deswegen? – umwälzende Wirkung.

Das Gesetz von actio = reactio empfiehlt uns auch, unsere Kräfte dort einzusetzen, wo wenig Gegenkraft zu erwarten ist. Es verbindet sich damit mit dem homöopathischen Prinzip, nach dem Fehlentwicklungen durch eine kleine Dosis des krankmachenden Agens zu behandeln sind. Die «Gegenkraft» äußert sich damit in einer nach innen gerichteten Selbstheilungskraft und wirkt kaum auf uns zurück.

Die Frage der Erhaltung unserer Kräfte bleibt aber trotz sorgfältiger Anwendung zentral für alle, die sich in der einen oder anderen Form für Umwälzung oder grundlegende Reform einsetzen. Die mit Abstand wichtigste – weil in gewisser Hinsicht unerschöpfliche – Kraftquelle ist dabei der Sinn. Sinn kann nicht gegeben werden, obwohl ich dies auf über hundert Seiten unbemerkt versuche. Sinn kann nur gefunden werden: und zwar in sich selbst. Ich halte es deshalb für unerlässlich, das eigene Leben fortwährend mit Sinn zu bereichern, weniger um sich selbst, als vielmehr die Welt stark zu machen. Sie muss nicht nur von einer destruktiven Ideologie befreit werden. Sie braucht genau so sehr das Neue, die umfassende Gerechtigkeit und die tätige Liebe, die sich in vielen hoffnungsvollen Projekten äußert: Gemeinschaftsgärten, genossenschaftliches Wohnen, einfaches Leben, alternatives Geld und Tauschwährungen, Schutz und Pflege der Natur, direkte Demokratie und vieles mehr. Man sollte dabei einfach nicht vergessen, dass all das erst nach dem Ende der Geldideologie zur Blüte kommen kann. Aber diese Felder der Zukunft müssen jetzt beackert werden. Zudem gibt das konkrete Erschaffen einer guten Zukunft Kraft für die Aufgaben der Gegenwart.

Natürlich soll man sich auch für Reformen einsetzen. Ich wäre da etwas wählerisch. Ich würde mich für Reformen einsetzen, die eine Plattform bieten für die entscheidenden Forderungen der Umwälzung: Schuldenerlass, gerechtes Geld und eine neue Besitzordnung. Das große Ganze muss im Visier bleiben.

Explizite Politik für kleine Minderheiten – geschlechtsneutrale Toiletten beispielsweise – gehört nicht dazu. Und sogar die Klimapolitik halte ich solange für eine Ablenkung, als Kompensationszahlungen und der billionenschwere Handel mit Verschmutzungsrechten im Vordergrund stehen und nicht die Entgiftung der Meere (für zwei Drittel des O_2-CO_2-Kreislaufs verantwortlich), die Wiederherstellung der Böden (der wichtigste CO_2-Speicher) oder der Fleischkonsum (als Verursacher des bedeutenderen Klimagases Methan).

Wie wichtig die Ablenkung und die Bindung der Reformkräfte für die Ziele der Ideologie sind, zeigt auch die Unterstützung von «Philantropen» wie George Soros oder Bill Gates für die Anliegen von schrillen Minderheiten, die nichts zur Veränderung der Welt als Ganzes beitragen. Das bindet nur politische Energie.

Ich denke, dass bei allem, was wir in der Öffentlichkeit und im Dienst an der Schöpfung tun, der Systemwechsel im Vordergrund stehen sollte, entweder indem wir das große Hindernis beseitigen oder schon am Neuen arbeiten. Das macht Sinn. Und das gibt Kraft.

Denn die wird nötig sein. Zwei Empfehlungen von Sunzi müssen wir nämlich noch abarbeiten, die eine betrifft die Täuschung.

Öffentlich, aber unsichtbar

«Jede militärische Operation basiert auf Täuschung», schreibt Sunzi in seiner «Kunst des Krieges». «Wenn du auf einen Angriff vorbereitet bist, erscheine unvorbereitet. Wenn Du agierst, mit den Streitkräften, erscheine untätig, wenn wir nahe sind, dann mache den Feind glauben, wir wären noch weit entfernt, und wenn wir weit entfernt sind, mache ihn glauben, daß wir nahe sind. ... Wenn der Gegner leicht erregbar ist, versuche, ihn zu irritieren.»

Angesichts der flächendeckenden Kontrolle und der perfekten Algorithmen, die jeden Klick auswerten, ist Täuschung eine schwierige Aufgabe. Aber sie ist lösbar: indem wir uns unsichtbar machen.

Wenn wir selbstbestimmt und in kleinen Gruppen handeln, wenn wir auf Führung und große Netzwerke verzichten, wenn wir gemeinsame Begriffe und Symbole vermeiden, wenn wir in der realen Welt tätig sind, in Gesprächen, an Veranstaltungen und auf Straßen und Plätzen, dann werden wir für die Überwachungsinstrumente (in gewissem Ausmaß) unsichtbar bleiben. Dann werden uns die Algorithmen vielleicht für schräge Vögel halten, aber die Kraft der Idee und ihre vielen verschiedenen Vertreter nicht erkennen.

Und selbst wenn der eine oder die andere erkannt und behindert wird, lebt die Bewegung weiter. Denn sie basiert nicht auf Macht, die genommen und Struktur, die zerstört werden könnte, sondern auf Sinn und Geist. Die Umwälzung lebt von einzelnen Menschen, kleinen Gruppen und autonomen Aktionen mit einem gemeinsamen Ziel – «getrennt marschieren, vereint schlagen!», um mit dem deutschen Feldmarschall von Moltke zu sprechen. Wir haben keine Generäle, die man belauschen, keine Netzwerke, die man unterwandern könnte, sondern nur eine gemeinsame Überzeugung und immer mehr Menschen, die sich dafür einsetzen: dass die destruktive Geldillusion zu Fall kommt und der Weg zu Frieden und Gerechtigkeit freigemacht wird.

Natürlich ist es empfehlenswert, seine Daten zu schützen, möglichst keine Spuren im Netz zu hinterlassen und sichere Kommunikationswege aufzubauen. Ebenso wichtig ist es aber, nicht in Paranoia zu verfallen, denn damit spielen wir das Spiel des Gegners – ein Anfängerfehler.

Auch vieles, was heute unter dem Begriff Verschwörungstheorien segelt, ist wenig hilfreich. Natürlich: Es gibt die Hinterzimmer und die Dunkelmächte. Und es wäre ein Irrtum, zu glauben, dass ausgerechnet heute, zum ersten Mal in der langen Geschichte der Menschheit, keine Absprachen zum Nachteil der Mehrheit mehr getroffen würden. Aber gegen unbekannte Gegner zu kämpfen ist sinnlos.

Selbstverständlich: Die Fakten der Machenschaften gehören ans Licht der Öffentlichkeit, damit – um nur ein Beispiel zu nennen – jedermann mit einem rudimentären Verständnis des freien Falls selbst erkennen kann, ob die Türme des elften Septembers abgebrannt sind oder gesprengt wurden. Und es ist auch in Ordnung, wenn findige Forscher die vielen kleinen Lügen auseinandernehmen, mit denen sich die Macht an der Macht hält. Aber unser Ziel ist die Mutter aller kollektiven Lügen, das Dogma, Geld sei ein Wert (es ist eine Schuld, ein Negativwert), es sei gerecht und es gäbe keine Alternative. Wenn wir dafür einstehen, in der realen Welt und jeder auf seine Art, dann sind wir gleichzeitig öffentlich und unsichtbar.

Als Liebhaber strategischer Überlegungen kann ich den Nutzen klandestiner Operationen von kleinen, entschlossenen Gruppen allerdings nicht bestreiten. Die Geschichte ist voller Beispiele erfolgreicher Aktionen. Aber sie sind nicht das Objekt dieses Vorschlags. Zudem werden genügend geneigte Leserinnen und Leser ihre eigenen Ideen und Projekte entwickeln. Ich bin froh, wenn ich nichts von ihnen erfahre und wenn alles jederzeit friedlich abläuft. Denn wir dürfen eines nicht vergessen: Es gibt auch unter den führenden Repräsentanten der Ideologie potenzielle Freunde. Und mit ihnen sollten wir es uns nicht verscherzen.

Eine und leite

«Wenn seine Kräfte vereinigt sind, spalte sie auf», empfiehlt Sunzi zum Umgang mit dem Gegner. Etwas geläufiger haben seine lateinischen Nachfolger formuliert: divide et impera – teile und herrsche. Dieser Grundsatz ist für uns von besonderer Bedeutung. Zum einen erscheinen die Eliten als außerordentlich geschlossen. Sie teilen dieselbe Weltanschauung (z. B. Globalisierung ist gut), sie müssen nicht mit den Konsequenzen ihres Handelns leben (insbesondere, wenn sie Banker sind) und sie leben in einer gemeinsamen Blase, in der sie nur selten mit Außenstehenden in Kontakt kommen. Es ist erstaunlich, mit welcher Hartnäckigkeit sie an eindeutig falschen ökonomischen Dogmen festhalten, vermutlich geschützt durch eine extrem hohe Toleranz für kognitive Dissonanz. Und sie werden fantastisch dafür bezahlt. Die Repräsentanten des Gegners erscheinen also ziemlich solide geeint. Wie schwer es ist, sie zu einer menschlichen Vernunft zu bringen, hat schon der US-Schriftsteller Upton Sinclair (1878 bis 1968) erkannt: «Es ist schwierig, einen Menschen dazu zu bringen, etwas zu verstehen, wenn sein Gehalt davon abhängt, dass er es nicht versteht.»

Trotzdem müssen wir es versuchen. Denn erstens herrscht auch auf der globalen Teppichetage ein bisschen Konkurrenzkampf (die Gesetze der Konzentration gelten auch dort), den wir uns allenfalls zunutze machen können. Und zweitens, aber wichtiger: Obwohl sich unter den Eliten überproportional viele Psycho- und Soziopathen tummeln, gibt es auch dort Menschen mit Herz und Seele, vor allem in den weniger abgehobenen Schichten. Diese Menschen brauchen wir aus zwei Gründen. Sie sind potenzielle Überläufer, die bei jeder Umwälzung der Geschichte eine wichtige Rolle gespielt haben. Sie sind Träger von Geheimnissen, deren Aufdeckung entscheidend zur Destabilisierung der Pyramide beiträgt. Zum anderen brauchen wir ihre Fähigkeiten und Beziehungen für die Konversion der Wirtschaftsmaschine. Auch ein gerechtes Geld braucht Banken, wenn auch viel weniger. Auch eine nachhaltige Wirtschaft braucht Fabriken, Handel und Strukturen. Diese Menschen sind also unverzichtbar und müssen an Bord geholt werden. Aber wie?

Dazu gibt es leider keine brillante Antwort und keine schnelle Lösung, sondern nur das, was sich schon immer bewährt hat: die Beziehung von Mensch zu Mensch. Das Problem der Mitglieder von Eliten besteht darin, dass sie vor allem Funktionsträger sind. Sobald man ihnen als Menschen begegnet, gewissermaßen unter vier Augen, stellt man fest, dass viele von ihnen dieselben Zweifel an der Zukunft des geldgesteuerten Materialismus hegen wie wir. Das ist der Spalt in der Türe, in den wir nicht unseren Fuß, sondern unseren Geist und unser Herz stellen. Für diese sehr individuelle Arbeit gibt es kein Rezept, außer: Kontakte schaffen, Freundschaften pflegen und mit der Entwicklung gehen. Man stelle sich nur vor, was geschehen könnte, wenn tausend Menschen in einem Land wie der Schweiz jede Woche einen persönlichen Kontakt zu einem Mitglied der Eliten pflegten, und sei es nur auf mittlerer Ebene – zu Parlamentarierinnen, Managern, leitenden Beamtinnen oder Regierungsräten. «Das Volk meint», würden sie an ihren Rednerpulten sagen und dann die Menschen zitieren, die Beziehungen pflegen.

Auch sie suchen Sinn. Auch sie haben Ängste, die überwunden werden können. Auch sie möchten in ihre Kraft kommen. Unsere Kraft.

Ein Weg, kein Plan

Damit kommen wir mit der Strategie der friedliche Umwälzung zu einem vorläufigen Ende. Es ist eine Strategie und befasst sich deshalb nur mit den großen Linien. Die Taktik – wie verhält man sich im Detail und in einzelnen Fällen? – kann nicht Gegenstand eines solchen Entwurfes sein. Das sollen die Menschen und Gruppen vor Ort autonom und in eigener Verantwortung entscheiden.

Wir sollten auch nicht die Fehler der «Interventionisten» aus den Thinktanks der Ideologen begehen, die Nassim Nicholas Taleb wie folgt zusammenfasst: 1. Sie denken statisch, nicht dynamisch. 2. Sie denken in kleinen, nicht in großen Dimensionen. 3. Sie denken in Aktion, nie in Interaktionen.[56]

Die Strategie der friedlichen Umwälzung ist also kein Plan, sondern ein Weg. Er führt über unseren Horizont hinaus. Auf diesem Weg wird uns vieles begegnen, was wir nicht auf der Rechnung haben: neue Hindernisse, unerwartete Unterstützung. Und schließlich werden wir uns – wie alle Pilger oder friedlichen Krieger – auf diesem Weg selbst verändern. All das lässt sich nicht planen. Und das ist gut so. Denn die Zukunft ist besser, als wir sie je planen könnten. Darum ist diese Strategie kein Plan, sondern ein Weg.

Ich wünsche allen eine gute Reise. Und: Fürchtet euch nicht!

---

56 Nassib Nicholas Taleb: Das Risiko und sein Preis. Penguin, 2018. S. 26

Trotz der Gefahr, dass sich die schnellen Leser, die nicht einmal einen ganzen Abend einem Text widmen können, auf diese verkürzte Zusammenfassung stürzen, will ich sie versuchen:

Unsere Geld- und Besitzordnung enthält einen systemischen und unlösbaren Zwang zu Umverteilung, Ausbeutung, Verschuldung und Wachstum. Innerhalb dieses Systems, das in absehbarer Zeit die ganze Welt beherrschen wird, ist eine nachhaltige und friedliche Zukunft unmöglich, auch nicht mit Reformen. Es ist sinnlos, eine Umverteilung von oben nach unten (z.B. in Form eines Grundeinkommens) einzurichten, ohne zuerst die Umverteilung von unten nach oben zu beseitigen.

Wenn wir Zukunft haben wollen, müssen wir einen Schuldenerlass durchführen und dieses System zerlegen, bevor es mit flächendeckender Zerstörung zusammenkracht oder sich unter Aufhebung der Demokratie selbst rettet. Dazu brauchen wir eine Strategie.

Unser Gegner ist in allererster Linie eine Ideologie und weniger ihre Repräsentanten, deren wichtigste Akteure wir zudem nicht identifizieren können.

Die Macht dieser Ideologie liegt einerseits in ihrer Konzentration (d.h. sie und ihre Repräsentanten werden ständig mächtiger) und andererseits in ihrer Verbreitung. Wir selbst sind Opfer, ohne uns dessen gewahr zu sein.

Der erste Schritt besteht in der Erkenntnis der grundlegenden Mechanismen dieser Ideologie, insbesondere in der Schöpfung von Privatgeld aus dem Nichts und ihren zerstörerischen Folgen.

Der zweite Schritt besteht in der Überwindung des Mangelbewusstseins durch Freigebigkeit, im Leben von Wahrheit, der Auflösung der Ängste und der Wahrnehmung von Sinn. Diese Schritte vermitteln bereits einen persönlichen Gewinn und machen uns handlungsfähig.

Der dritte Schritt besteht im zeitnahen «Angriff» auf die Schwach-stellen der Ideologie, unseren Irrglauben an das illusionäre Geld als Wert. Das Mittel erster Wahl ist die soziale Homöopathie, in zweiter Wahl der Widerstand in vielfältigen, nach Möglichkeit nicht virtuellen Formen. Das Ziel ist die Entwicklung einer ansteckenden Gesundheit.

Der vierte Schritt besteht in der Durchführung eines Schulden-erlasses, der Einführung eines zins- und schuldfreien öffentlichen Geldes und der Neuordnung der Besitzrechte. Damit schaffen wir die realistische Voraussetzung, mit rund zwei Arbeitsstunden täglich und massiv reduziertem Ressourcenverbrauch einen vergleichbaren Le-bensstandard zu erreichen und die alten Ziele der Freiheit, Gleichheit und Brüderlichkeit zu verwirklichen – und Nachhaltigkeit dazu.

Um diese vier Schritte gehen zu können, gehen wir sparsam mit unseren Kräften um: durch Konzentration auf die Schwachstellen, durch Verzicht auf Gewalt und Feindbilder, durch Sinnstiftung und durch Aufbau des Neuen. Wir schaffen Zukunft, indem wir sie in der Gegenwart leben.

Es beginne die Umwälzung.

*

Zur Vertiefung des Geldverständnisses empfehle ich die Tri-logie «**Kapital und Christentum**» von Eugen Drewermann mit den Titeln «Geld, Gesellschaft und Gewalt» (Bd.1), «Finanzkapitalismus» (Bd. 2) und «Von Krieg zu Frieden» (Bd. 3) (Patmos Verlag, 2016-2017), mit zusammen über 1400 Seiten. Vielleicht das beste Buch zum Thema Geld.

Dasselbe Attribut hat auch mein eigenes Buch «**Das nächste Geld**» (edition Zeitpunkt, 2016) vom österreichischen Geld-Magazin erhalten. Auf 250 Seiten erfährt man alles über die zehn Fallgruben des Geldsystems.

Eine Empfehlung ohne Vorbehalt gilt schließlich für die Bücher von Norbert Häring (zuletzt: «**Schönes neues Geld**») und von Dirk Müller (zuletzt «**Machtbeben**»).

Ich selber schreibe regelmäßig unter **www.christoph-pfluger.ch**.

Dank

Dieses Buch ist das Produkt von 32 Jahren Arbeit. Wie tief und unausweichlich uns der schiere Materialismus und das ungerechte Geldsystem in die Sackgasse führt, den Anstoß zu dieser Erkenntnis verdanke ich Margrit Kennedy (1939 bis 2013). Die eher zufällige Begegnung mit der Grande Dame der Geldreform 1987 an einer Konferenz in Schottland hat mein Berufsleben als Wirtschaftsjournalist nachhaltig verändert – und unmöglich gemacht. Plötzlich stand nicht mehr die Verbreitung nützlicher Informationen und das Erzählen guter Geschichten im Vordergrund, sondern der Kampf gegen den biblischen Dämon Mammon. Der Einsatz gegen die Globalisierung, für Alternativwährungen und für Geldreform hat mir nicht nur viele Niederlagen beschert, sondern auch die Erkenntnis, dass die Sache mit gutem Willen, Sachkenntnis und zuverlässigen Freunden allein nicht zu richten ist. Es braucht auch eine Strategie.

Ein paar erste Überlegungen dazu erschienen dann in der Zeitschrift «Zeitpunkt». Durch viel Lektüre, Nachdenken (vor allem beim Wandern und Jäten), Gespräche und ein bisschen Praxis entstand daraus mit der Zeit die Strategie der friedlichen Umwälzung, die jetzt in einer ersten Form vorliegt. Den vielen ungenannten Autorinnen und Autoren, den Freunden und Mitstreitern bin ich zu größtem Dank verpflichtet. Die Erfahrung der Crowd und das Wissen aus mehreren Jahrtausenden sind überwältigend. Ganz besonders danken möchte ich Mathias Bröckers, der die Idee der «Brennenden Bärte» sofort positiv aufgegriffen hat und mit dem zusammen ich die Buchreihe herausgeben darf. Der Mann schreibt nicht nur hervorragend, sondern hat auch das Herz auf dem richtigen Fleck. Und es schlägt kräftig. Mein Dank geht auch an die kritischen Erstleser Roland Rottenfußer, Regine Naeckel und Dmitry Orlov, an Manu Gehriger für das Korrektorat und an Alex Beckmann von der FontFront für die Produktion. Und meine Liebsten bitte ich um Verständnis, dass ich in den letzten Monaten doch recht monothematisch unterwegs war und die Freuden nicht in dem Maße teilen konnte, wie es nach gelungener Umwälzung selbstverständlich sein wird. *Christoph Pfluger, September 2019*

Bücher aus der edition Zeitpunkt

**Christoph Pfluger:
Das nächste Geld** –
die zehn Fallgruben
des Geldsystems
und wie wir sie
überwinden. 3. Aufl.
2016. 260 S., Fr.
23.–/€ 21.–

*«Wohl eines der
besten Bücher zum
Thema ‹Geld› (Geld-
Magazin, 2/16)*

**Anton Brüschwei-
ler: Das AntWort**
– die Wahrheit des
Absurden.
2018. 106 S., Fr.
19.00.-/€ 17.00.-

*Auch in der absur-
desten Geschichte
steckt ein Körnchen
Wahrheit, das, in
Bewegung gebracht,
eine Lawine auslösen
kann.*

**Leila Dregger:
Frau-Sein allein
genügt nicht** – mein
Weg als Aktivistin
für Frieden und
Liebe. 2017. 196 S.,
Fr. 19.-/€ 17.-

*«Es wird auf der
Welt keinen Frieden
geben, solange in der
Liebe Krieg ist.»*

**Cornelia Hesse-
Honegger:
Die Macht der
schwachen Strah-
lung** – was uns
die Atomindustrie
verschweigt
2016. 232 S., geb. Fr.
29.-/€ 26.-

*Sie sah, was die
Messgeräte ver-
kannten.*

**Erwin Jakob Schatz-
mann: unverblümt**
– aphoristische
Denkprosa. 2015.
148 S., mit 13 farb.
Abb. Geb. Fr. 18.–/€
16.–.
*Die «aphoristische
Denkprosa» ist nicht
das Resultat endloser
Grübelei, sondern
das Ergebnis eines
kompromisslosen
Lebens.*

**Harald Schumann
und Ute Scheub
Die Troika – Macht
ohne Kontrolle.**
Eine griechische
Tragödie und eine
europäische Grotes-
ke in fünf Akten.
2015. 106 S., geb.,
Fr. 15.00.-/€ 14.00.-
*Es gibt Zitronen, die
werden ausgepresst,
bis Blut fliesst.
Griechenland ist so
ein Fall.*

Erhältlich in jeder Buchhandlung oder unter edition.zeitpunkt.ch

GEMEINSAM RAUM FÜR FRIEDEN SCHAFFEN

Bewusstheit ist die Grundlage für den Frieden. Die Stiftung fördert die Bewusstheit. Fördern Sie die Stiftung.

integrale-friedensfoerderung.ch

Stiftung für integrale Friedensförderung

Editorial

Liebe Abonnentinnen und Abonnenten

Mit dieser Seite beginnt der Inhalt, der nur im Abo erhältlich ist. Normalerweise umfasst das, was Sie bekommen, einen Brennenden Bart von hundert Seiten – Stoff für einen anregenden Abend der Bewusstseinsveränderung – und im zweiten Teil Aufsätze und Analysen zur aktuellen Entwicklung, Lesestoff für Wahrheitssucher, Portraits von konstruktiven Rebellinnen und Rebellen und Utopien, die man schon heute verwirklichen kann.

Weil ich die «Strategie der friedlichen Umwälzung nicht knapper schreiben konnte, umfasst dieser zweite Teil nur 32 anstatt 64 Seiten. Ich hoffe, dass dieser Umstand Sie nicht davon abhält, dem Zeitpunkt die Chance für ein weiteres Jahr zu geben. Wir wollen ja nicht nur die Augen für die Mängel dieser Welt öffnen, sondern auch für ihre großen Chancen. Auch Leserzuschriften, die über Zustimmung oder Ablehnung hinausgehen, möchten wir gerne bringen. Das gehört zum tätigen Bewusstseinsprozess, der uns alle immer mehr erfasst.

Der Abo-Teil wird betreut von Mathias Bröckers und mir als Herausgeber und von Roland Rottenfußer, Regine Naeckel und Claudia Fahlbusch in der Redaktion. Alle drei haben viel Erfahrung, nicht nur beim Zeitpunkt, sondern auch beim Webportal rubikon.de (Roland Rottenfußer) und bei der Zeitschrift «Hintergrund» (Regine Naeckel). Für Abschluss und Produktion bin ich vorläufig (und mit großem Vergnügen) selber verantwortlich. Der Abopreis bleibt gleich, nämlich frei. Er hat uns zwar nicht reich, aber glücklich gemacht.

Bei allen Mängeln eines Neubeginns hoffe ich, dass der Start mit dem neuen Auftrag – für friedliche Umwälzung – einigermaßen gelungen ist. Speziell danken möchte ich den Inserenten, die das Wagnis einer Anzeige in einer Publikation ohne Nullnummer eingegangen sind. Sie alle haben Beachtung verdient. Mögen nicht nur die Gedanken, sondern auch die monetären Ressourcen in einen fruchtbaren Kreislauf kommen.

Mit herzlichem Gruß, Christoph Pfluger, Verleger

Inhalt

Impressum

ZEITPUNKT 163
BRENNENDE BÄRTE #1
SEPT/OKT/NOV 2019
Erscheint vierteljährlich
28. Jahrgang

**REDAKTION & VERLAG
ZEITPUNKT**
Werkhofstrasse 19
CH-4500 Solothurn
Tel. +41 (0) 32 621 81 11
mail@zeitpunkt.ch
www.zeitpunkt.ch
fb.me/ZeitpunktMagazin
Geldfluss:
CH08 0900 0000 4500
1006 5
DE67 6001 0700 0342
0347 06
ISSN 1424-6171

REDAKTION
Claudia Fahlbusch (web),
Regine Naeckel, Chris-
toph Pfluger, Roland
Rottenfußer

HERAUSGEBER
Christoph Pfluger und
Mathias Bröckers

**AUTOR*INNEN DIESER
AUSGABE**
Christopher Black, Manlio
Dinucci, Caitlin Johnsto-
ne, Dmitry Orlov,

KORREKTORAT
Manu Gehriger

ANZEIGEN UND ABOS
Verlagsadministration
Linda Biedermann
032 621 81 13
inserate@zeitpunkt.ch

ABONNEMENTSPREISE
Der Preis des Abon-
nements wird von den
AbonnentInnen selbst
bestimmt.
Geschenkabos:
Schweiz: 50 CHF

Europa: 60 EUR
Einzelnummer:
15 CHF / 14 EUR
abo@zeitpunkt.ch

DRUCK
Finidr, CZ-Ceský Těšín,
Tschechien

VERSAND
Funke Lettershop AG
CH-3552 Zollikofen

**VERTRIEB
DEUTSCHLAND**
Synergia Auslieferung
Industriestraße 20
64380 Roßdorf
Tel. +49 (0) 615 460
39 50
info@synergia-ausliefe-
rung.de

VERLEGER
Christoph Pfluger

alsam FESTIV
Einziger Grossevent 2019
in der Schweiz!

THE WORK
OF BYRON KATIE

Colette Grünbaum und Margrit
Hardegger führen Schritt für
Schritt in die weltweit erfolgreich
praktizierte Coaching-Methode
mit den vier einfachen Fragen ein.
Indem Sie bei der Anwendung
den Verstand ruhen lassen und
den Antworten des Herzens
lauschen, beginnen sich Nebel
zu lichten.

25.–27. Oktober 2019
Kursaal Heiden AR

Appenzeller Forum für eine gute Verbundenheit mit der inneren
und äusseren Natur im modernen Alltag des Digitalzeitalters.

alsam
gsundappenzellerland

«Licht an, Ratten raus!»

Von Mathias Bröckers

«And ye shall know the truth and the truth shall make you free» - «Und ihr werdet die Wahrheit erkennen, und die Wahrheit wird euch frei machen». Als in den 1950er Jahren das neue CIA-Hauptquartier in Langley gebaut wurde, lies der damalige Direktor und «Vater» der CIA, Allen Dulles diesen Vers aus dem Johannes-Evangelium in die Wand der Eingangshalle gravieren. Für das fromme Motto kann man dem Mann, der auf dem «Schachbrett des Teufels» – so der Titel von David Talbots äußerst lesenswerter Dulles-Biographie – mit echten Kriegen, Umstürzen und Menschenleben spielte wie andere mit Spielfiguren, einen eiskalten Zynismus sicher nicht absprechen. Zumal Dulles zur selben Zeit gerade die «Operation Mockingbird» ins Leben gerufen und zwei seiner Spitzenleute - Frank Wisner und Cord Meyer – damit betraut hatte, im In- und Ausland ein diskretes Netz aus einflussreichen Journalisten und Meinungsführern aufzubauen, um mit Täuschung und Lügen die öffentliche Meinung zu beeinflussen. In einem Kongress-Ausschuss (Frank Church Komitee) über illegale Aktivitäten der CIA kam 1977 ans Licht, dass dieses strategische Mediennetzwerk aus über 400 Journalisten bestand. Frank Wisner hatte unter Kollegen damit geprahlt, dass ihm Leute in allen wichtigen Redaktionen «gehörten» Und der für das Ausland zuständige Cord Meyer achtete bei seinen Aktionen und Akquisitionen besonders darauf, auch die «compatible left» – kompatible Linke - in das CIA-Netzwerk einzubinden. Also nicht nur Bürgerlich-Konservative und Kommunistenfresser, sondern auch Liberale und Linke, sofern diese die imperialen Kriege und «regime changes» der USA allenfalls oberflächlich kritisierten, also «kompatibel» waren.

Das Church-Komitee kam damals zu dem Schluss, dass der Einfluss der CIA auf die Medien zwei schwere Bedenken aufwirft: «Erstens, die Gefahr der heimlichen Einflussnahme auf die Medien um die amerikanische Öffentlichkeit durch Propaganda in die Irre zu führen. Zweitens, der Schaden an der Glaubwürdigkeit der Medien

und deren Unabhängigkeit als freie Presse, durch die geheimen Ver-
bindungen zu Journalisten und Medienhäuser.» Das war vor mehr
als 40 Jahren und auch wenn die CIA nach diesen Enthüllungen den
offiziellen «Einkauf» von Journalisten per Erlass untersagte, brachen
die Kontakte natürlich nicht ab. Die «Mighty Wurlitzer», wie Frank
Wisner sein Medienorchester (nach dem berühmten Orgel,-und
Jukebox-Hersteller) einst genannt hatte und das der CIA stets eine
«freundliche Presse» sicherte, orgelte fröhlich weiter.

Der Mockingbird, die Spottdrossel, heißt Mimus polyglottos,
weil sie mit ihrem Gesang die Rufe anderer Tiere und Geräusche
nachahmt – und nichts anderes tat die CIA mit ihrer gleichnamigen
Operation zur Manipulation der Medien: die Nachahmung echter,
objektiver Berichterstattung durch Einschleusung echt und objektiv
wirkender Fälschungen. Hier ist die eigentliche Geburtsstunde der
modernen Fake News zu datieren, mit dem Gesang der Spottdrossel
– und nicht erst 50 Jahre später wegen des Internets und social media
– beginnt das «postfaktische» Zeitalter: die zum wahrheitsgetreuen
Report von Fakten verpflichtete «freie Presse» wird von Spindoktoren
unterwandert und gibt deren Fiktionen als Fakten aus.

Dass ausgerechnet das Ur-Biotop der Spottdrossel-Operation,
das CIA-Hausblatt «Washington Post» dann im Dezember 2016 eine
Kampagne gegen «Fake News» anführte und eine schwarze Liste von
200 Webseiten publizierte, um vor falschen Nachrichten zu warnen,
entbehrte nicht einer gewissen Komik. Und auch wenn die hiesigen
Pfeifen der großen Wurlitzer-Orgel in ihren Anstalten und Organen
vor Fake News warnten wurde schnell klar, dass da Böcke als Gärtner
auftreten. Und zwar solche, die eben dank des Internets und social
media mittlerweile immer öfter selbst mit Fake News erwischt werden, weil das Publikum auf alternative Informationen zurückgreifen
kann. Die Anbieter solcher Informationen – die politisch von ganz
rechts bis ganz links und was die Qualität des Journalismus betrifft
von sehr solide bis völlig daneben reichen – pauschal an den Pranger
zu stellen, bedeutet nichts anderes, als sich selbst als «Ministerium der
Wahrheit» zu gerieren, dessen Deutungshoheit nicht in Zweifel gezo-

gen werden darf. Wer so etwas tut – als angeblich freies, unabhängiges Medium – steht mit dem Rücken zur Wand.

Es scheint, als ob die «Spottdrosseln» in den großen Zeitungen und Medienhäusern ihre Rechnung ohne das Internet gemacht haben – und nirgendwo wird das deutlicher als an der Verfolgung der Plattform Wikileaks und ihres Gründers Julian Assange. Dieser sitzt zur Zeit in einem Hochsicherheitsgefängnis in Belmarsh bei London und wartet auf den Prozess, bei dem im Februar 2020 über seine Auslieferung in die Vereinigten Staaten verhandelt werden. Er ist der erste Journalist, der von den USA nach dem Spionage-Gesetz aus dem Jahr 1916 angeklagt worden ist. Sollte er ausgeliefert und verurteilt werden, drohen ihm 175 Jahre Haft. Oder sogar die Todesstrafe falls die bestehende Anklage noch erweitert wird. Es handelt sich hier um einen juristischen Präzedenzfall von höchster internationaler Bedeutung, denn Julian Assange und Wikileaks haben keine Verbrechen begangen, sondern Verbrechen aufgedeckt. Sie haben keine Informationen gestohlen, sondern Informationen publiziert: über Kriegsverbrechen, Korruption und Kriminalität von Militärs, Regierungen und Konzernen. Also das, was Journalisten und Medien überall und jeden Tag tun, sofern sie ihren öffentlichen Auftrag, ihre Rolle als Kontrolleure der Macht und «Wachhund» der Demokratie noch ernst nehmen. Weil Julian Assange das wie kein anderer getan hat sprechen ihm seine Ankläger die Rolle als Journalist und Publizist ab und wollen ihn als «Spion» lebenslänglich einsperren. Nicht weil er betrogen, gestohlen oder gelogen hat, nicht wegen Fakes, Fiktionen oder Lügengeschichten, sondern weil er die Wahrheit über Verbrechen der Mächtigen öffentlich gemacht hat. Kein einziges der mehr als 1,5 Millionen Dokumente von Whistleblowern, die Wikileaks seit 2007 veröffentlichte, hat sich als Fälschung erwiesen und es gibt im Zeitalter von FakeNews und Informationskriegen wohl keine publizistische Institution – keinen Sender und keine Zeitung – der es was Echtheit und Wahrheitsgehalt seiner Veröffentlichungen betrifft mit der Qualität von Wikileaks aufnehmen kann. Was um so mehr gilt wenn man auf den grotesken FakeNews-Zirkus zwischen dem Twitter-König Donald Trump und seiner «Russiagate»- besessenen

Opposition schaut. Die eindeutige Echtheit aller von Wikileaks publizierten Dokumente ist ein sehr entscheidender Punkt, wenn es um die Beurteilung dieser Plattform und die Verurteilung ihres Gründers geht, der als Person wahrscheinlich gerade deshalb zum Objekt so vieler Verleumdungen geworden ist, weil die Authentizität und Relevanz der Wikileaks-Veröffentlichungen so unbestreitbar ist.

Der ehemalige britische Botschafter und Unterstützer Julian Assanges, Craig Murray, sieht sich in der Verfolgung des Wikileaks-Gründers die an das Unwesen der «Heiligen Inquisition» erinnert, an die Verfolgung von Bibelübersetzungen während der Reformation und den auf dem Scheiterhaufen verbrannten Reformator William Tyndale:

«Julian revolutionierte das Verlagswesen, indem er der Öffentlichkeit direkten Zugang zu großen Mengen Rohmaterial verschaffte, das zeigte was die Regierung geheim halten wollte. Durch den der Öffentlichkeit gewährten direkten Zugang wurden die Filter und Moderationen durch die journalistische und politische Klasse umgangen. Im Gegensatz zu etwa den «Panama Papers», von denen entgegen den Versprechungen gerade mal 2 Prozent des Materials veröffentlicht wurden, wobei große westliche Unternehmen und Persönlichkeiten vor Enthüllungen vollständig geschützt waren, weil die Mainstreammedien als Vermittler genutzt wurden. Oder vergleichen wir Wikileaks mit den Snowden Files, deren überwiegender Teil nun begraben wurde und nie mehr veröffentlicht wird, weil man sie dummerweise dem «Guardian» und «The Intercept» anvertraut hatte. Assange hat diese Vermittlerrolle der Journalisten ausgeschaltet und indem er der Öffentlichkeit die Wahrheit über ihre Regierenden zugänglich machte ...

Es gibt eine interessante Parallele in der Reaktion auf die Gelehrten der Reformation, die die Bibel in die Landessprachen übersetzten und der Bevölkerung direkten Zugang zu ihren Inhalten gaben, ohne die vermittelnden Filter der Priesterklasse. Solche Entwicklungen provozieren außergewöhnliche Gehässigkeit bei jenen, deren Position bedroht ist. Ich sehe in dieser Hinsicht eine historische Parallele zwischen Julian Assange und William Tyndale. Das sollten wir im Gedächtnis behalten um die Tiefe des staatlichen Hasses gegenüber Julian zu verstehen.» (Craig Murray: The Missing Step, https://www.craigmurray.org.uk/archives/2019/05/the-missing-step/)

Auch die Daumenschrauben, die der Whistleblowerin Chelsea Manning angelegt werden, um sie vor einer geheimen Jury zu einer Aussage gegen Assange zu zwingen – sie sitzt in Beugehaft und soll für jeden Tag der Nicht-Aussage 1000 Dollar Strafe zahlen – erinnern eher an die Zeiten der «Heiligen Inquisition» als an einen demokratischen Rechtsstaat. Dass der Beauftragte des UN-Kommissariats für Menschenrechte, Nils Melzer, der Julian Assange in der Isolationshaft besuchte und in seinem Gutachten «psychologische Folter» anprangert, passt ebenfalls in dieses finstere Bild. Treffend ist der historische Vergleich aber vor allem, weil er das Augenmerk auf die Sache richtet, um die es im Fall Assange und Wikileaks geht: Auf den revolutionären Akt, der Bevölkerung die ganze Wahrheit direkt zugänglich zu machen, die von einer elitären Priesterklasse nur gefiltert und zensiert und stets im Sinne des eigenen Machterhalts zugeteilt wird. Um nichts anderes geht es bei Wikileaks und nichts anderes ist der Grund für die Verfolgung und Verurteilung von Julian Assange – es ist nicht seine Person, es ist nicht der juristische Streit über einvernehmlichen Sex und defekte Kondome, es ist der Klartext über den Krieg, die Kriminalität und die Korruption der Herrschenden, den er der Öffentlichkeit offenbart hat. Es ist die Wahrheit, die nicht ans Licht gekommen ist, weil sie von der «Priesterklasse», den Schleusenwärtern und Gatekeepern der Medien, unterdrückt und zurückgehalten wird. Und so wie erst die komplette Bibelübersetzung der Bevölkerung ermöglichte, sich selbst ein Bild über das «Wort Gottes» zu machen, so kann sie sich auch heute nur dann ein Bild über die politische Realität machen, wenn die institutionellen Filter und Zensoren umgangen werden.

«Licht an, Ratten raus» hat Julian Assange einmal dieses radikalen Transparenz-Prinzips von Wikileaks beschrieben und dem digitalen Zeitalter eine Plattform beschert, die den kleinen und schwachen Whistleblower schützt und absolute Anonymität garantiert – und die

großen und mächtige Herrschern bedroht, weil es die Wahrheit und nichts als die Wahrheit über ihre Machenschaften und Verbrechen der Bevölkerung zugänglich macht. Und damit dem eigentlichen Souverän, denn die Macht – daran muss immer wieder erinnert werden – ist den Regierenden nur geliehen, sie sind dem Volk jederzeit rechenschaftspflichtig. Weil eine solche Rechenschaft nur möglich ist wenn Transparenz herrscht, steht die Presse in demokratischen Verfassungen unter besonderem Schutz, um unabhängig und frei zu berichten – auch und gerade dann, wenn Regierende ihre Macht missbrauchen. Nichts anderes haben Wikileaks und Julian Assange getan – sie haben der Öffentlichkeit Informationen zur Verfügung gestellt und Verbrechen aufgedeckt. Dass sie dafür verfolgt, gefoltert und bestraft werden, kann und darf nicht sein. Wenn die Anklage zur Auslieferung und Verurteilung von Julian Assange führt, kann kein Journalist, kein Autor, kein Verleger irgendwo auf der Welt mehr ein Wort veröffentlichen, von dem sich die Vereinigten Staaten in ihrer nationalen Sicherheit bedroht fühlen, ohne einen internationalen Haftbefehl zu riskieren.

Nicht weil er eine Lüge, eine Fälschung oder eine Beleidigung verbreitet, sondern die Wahrheit. Darum, und nicht um die Person Assange, geht es bei diesem Fall und darum sind alle, denen an Demokratie und Pressefreiheit noch irgendetwas gelegen ist, aufgerufen, seine Verurteilung zu verhindern. «Wenn das Aufdecken von Verbrechen wie ein Verbrechen behandelt wird, werden wir von Verbrechern regiert», hat Edward Snowden gesagt. Der Ausgang des Verfahrens gegen Julian Assange wird zeigen, inwieweit sie die Macht über Rechtsstaat und Demokratie schon übernommen haben.

Mathias Bröckers schrieb zuletzt **«Don't Kill The Messenger – Freiheit für Julian Assange»**, das im Juli 2019 im Westend-Verlag erschienen ist. www.broeckers.com

Die Seidenstraße und die Läuse

Von Dmitry Orlov

Die alte Seidenstraße war eine antike Handelsroute, die das Römische Reich mit China verband, von wo die Seide stammte. Die Straße wurde so genannt, weil Seide das Herzstück des Handels darstellte. Seide kam nach Europa, Gold und Luxusgüter gingen zurück. Seide war insofern wichtig, als seidene Kleidung auf der Haut vor Läusen schützte. Wohlhabende römische Bürger waren deshalb bereit, Seide mit Gold zu bezahlen, denn die Alternative bestand darin, ihren Frauen und Konkubinen beim Kratzen zuzuschauen. Zusätzlich zum Tragen der Seide bauten die Römer Bäder sowie Aquädukte zu deren Bewässerung. Das römische Entlausungsverfahren bestand aus dem Zupfen sämtlicher Körperhaare (autsch!), dem Einölen und dem Austreiben des Schweißes in einem vermeintlichen Ringkampf, um anschließend die Haut mit einem sichelförmigen Utensil, dem *strigilis*, abzuschaben. Dann tauchten sie in ein heißes Bad, zogen danach Seidenunterwäsche an und blieben bis zum nächsten Badetag frei von Juckreiz.

Die Römer gaben so viel Gold für chinesische Seide aus, dass sie nicht mehr genug für die Bezahlung ihrer Legionäre hatten. Das führte zu zahlreichen Aufständen und Revolutionen. Schließlich mussten sie ihre eigene Währung abwerten, die – als das Ende des Reiches näher kam – hauptsächlich Kupfer enthielt. Das Gold war in China gelandet, wo es allerdings zu endloser Korruption beitrug. Statt die kaiserliche Schatzkammer zu füllen, bereicherten sich kaiserliche Beamte selbst, die das Gold im Tausch für die Seide erhalten hatten. Nachdem man anfangs versuchte, korrupte Beamte hinzurichten, stellte man fest, dass sie zuvor stets ihren Schatz vergraben hatten, sodass ihn ihre Familien nach ihrer Hinrichtung bergen konnten. Also trat Plan B in Kraft: Die gesamte Familie der Beamten wurde exekutiert. Dies wiederum führte zu einem dramatischen Mangel an kaiserlichen Beamten. Somit verursachte der Seidenhandel den Zusammenbruch zweier Reiche – des römischen und des chinesischen

– Ersteres aufgrund seines Goldmangels, Zweiteres aufgrund seines Überschusses, aber beide wegen ein und desselben Hautparasiten.

Die ursprüngliche Seidenstraße, die um 130 v. Chr. zwischen der Han-Dynastie in China und dem Römischen Reich in Europa gebaut worden war, machte das zentralasiatische Gebiet Sogdien zur Schnittstelle. Schließlich brach das Sogdische Reich zusammen, und die Sogden wurden durch chasarische Juden ersetzt, die wiederum um 965 n. Chr. durch Swjatoslaw, Großfürst des Kiewer Rus, ein zähes Ende fanden. Später machte der technologische Fortschritt bei Segelschiffen die Notwendigkeit einer landgestützten Handelsroute überflüssig und die Zeit der Karawanen, die über den eurasischen Kontinent zogen, war vorbei.

Doch jetzt wird die Seidenstraße als Neue Seidenstraße wiedererweckt. Sie soll China erneut mit Europa, anstelle des Römischen Reiches mit der Europäischen Union und anstelle der Sogden oder Chasaren mit der Russischen Föderation verbinden. Mit Seide wird die Route nicht mehr viel zu tun haben, denn es gibt heute weitaus effektivere Methoden, mit Läusen fertigzuwerden als mithilfe von Seidenunterwäsche, einer Abreibung mit einem Strigil und einem Sprung ins *caldarium*. Aber wie früher wird der Zweck der Neuen Seidenstraße darin bestehen, den Befall durch spezielle Parasiten – oder in diesem Fall eines ganzen Parasitenstaates – zu kontrollieren: der Vereinigten Staaten.

Einige Leute sagen, die USA seien die größte Volkswirtschaft der Welt, aber ich erlaube mir, anderer Meinung zu sein. Lassen Sie uns ein bisschen einfache Mathematik betreiben, um einen brauchbaren Umrechnungsfaktor für das BIP der US-Wirtschaft zu ermitteln. Eine Blinddarmoperation (die häufigste durchgeführte Operation) kostet in den USA rund 60 000 US-Dollar. In Russland kostet sie etwa 8000 Rubel oder 123 Dollar. Die Differenz ist ein Faktor von 60 000/123 oder etwa 500. Unter der Annahme, dass alles andere in den USA – nicht nur Medizin, sondern auch Bildung, Rechtsberatung, Fachdienstleistungen, Immobilien, Verteidigungsausgaben, Wahlkampf und all die anderen amerikanischen Schwindeleien und Gaunereien zusammen – ebenso unglaublich überteuert ist, beträgt das geschätzte US-BIP im Jahr 2019 nicht 21 Billionen, sondern nur 42 Milliarden

Dollar, und ist damit um ein Vielfaches geringer als das Russlands mit 1 649 Milliarden Dollar.

Einige Leute sagen, die USA seien ein wichtiger Bestandteil der Weltwirtschaft mit vielen unverzichtbaren Exportgütern. Betrachtet man den US-amerikanischen und chinesischen Handel, so erzielt China den größten Teil seiner Gewinne aus dem Export von Computern, Elektrogeräten, Schuhen, Möbeln, Kleidung, Kunststoffen und Metallen, Autos, optischen und fotografischen Geräten. Die profitabelsten US-Exporte nach China sind: Sojabohnen, Weizen, Tierfutter, Fleisch, Baumwolle, Metallerz, Metallschrott, Tierhäute, Zellstoff, Zigaretten, Gold, Kohle, Kraftstoff, Reis, Tabak, Düngemittel und Glas. Im Vergleich zu China erinnern die USA an eine typische europäische Kolonie des 19. Jahrhunderts. Die USA haben ein dauerhaftes und sehr großes Handelsdefizit gegenüber China, und so wie eine Kolonie gezwungen wäre, sich den Saldo zu leihen, sind es auch die USA. Was sie dabei zu einem Parasiten werden lässt, ist die Tatsache, dass sie dies in ihrer eigenen Währung machen, die sie nach Belieben drucken können, und dass sie andere Länder zwingen, zu niedrigen Zinssätzen in sie zu investieren, nur weil es ihnen gelungen ist, die Seehandelsrouten militärisch zu dominieren und jene zu bestrafen, die sich weigern, dieses Spiel mitzuspielen. Entweder erfolgt die Strafe finanziell (durch die Vernichtung der Währung), politisch (durch den Sturz der Regierung und die Einsetzung einer anderen, die nicht gewählt werden konnte) oder militärisch (indem man sie in die Luft jagt).

Inzwischen ist Gold, ähnlich wie über die ursprüngliche Seidenstraße, aus den USA nach China geflossen. Die USA behaupten immer noch, die größten Goldreserven der Welt zu haben – auf dem Papier –, doch jene Länder, die ihr Gold in den USA gelagert und um Rückgabe gebeten haben, sind entweder abgeblitzt oder wurden gezwungen, zu warten. Es wäre daher keine Überraschung, wenn man eines Tages – an dem alle anderen Möglichkeiten ausgeschöpft sind und die Goldtresore geöffnet werden müssen – entdeckt, dass das Gold, das die USA aufbewahren sollten, nicht mehr da ist.

Es ist leicht, bei der geografischen Analogie zwischen der ursprünglichen und der Neuen Seidenstraße zu bleiben: Beide durchqueren die gleiche Region. Aber warum dort aufhören, wo sich eine offensichtlich tiefergehende Analogie direkt unter der Oberfläche verbirgt? Beide Seidenstraßen waren und sind bemüht, einen Schädling zu bekämpfen. Warum ist die Neue Seidenstraße eine «Seidenstraße», obwohl die Seide selbst einen verschwindend kleinen Teil des Handels ausmacht? Weil es einfach schön klingt? Oder weil Seide Parasiten abwehrt?

*

Dmitry Orlov (*1962) studierte Informatik und hat einen Master in Linguistik. Er arbeitete u. a. im Banking, als Internet-Security-Experte und in der Hoch-Energie-Physik am CERN. Orlov ist US-Amerikaner, arbeitet seit zwölf Jahren als Autor und lebt in Russland. Von ihm sind u. a. erschienen **«Everything is Going According to Plan»** (2017), **«Shrinking the Technosphere»** (2017) und **«The Five Stages of Collapse»** (2013)
Seine Arbeiten veröffentlich er unter cluborlov.blogspot.com.
Dmitry Orlov zündet den nächsten Brennenden Bart mit der «Schrumpfung der Technosphäre» (erscheint im Dezember 2019).

Die neue Phase im hybriden Krieg der USA gegen China

Von Christopher Black

Der Hybridkrieg, der von den Vereinigten Staaten und einer Schar von Marionettenstaaten von Großbritannien über Kanada bis Australien gegen China geführt wird, hat eine neue Stufe erreicht.

Der «Krieg» begann mit der massiven Verlagerung von US-Luft- und Seestreitkräften in den Pazifik sowie ständigen Provokationen gegen China im Südchinesischen Meer und in der Taiwanstraße. In der zweiten Phase wurden Desinformationen über den Umgang mit Minderheiten in China, insbesondere in Tibet und Westchina, kreiert.

Es muss das Bewusstsein jedes objektiven Beobachters schockieren, dass diese Propagandakampagne ausgerechnet von Ländern wie den USA, Kanada und Australien ausgeführt wurde, die in Bezug auf ihre indigenen Völker die schlechteste Menschenrechtsbilanz überhaupt vorweisen. Diese Völker wurden von ihren Regierungen jahrhundertelang einem kulturellen und physischen Völkermord ausgesetzt. Trotz gesetzlich verankerter Menschenrechte weigern sich diese Länder noch immer, ihre Minderheiten vor körperlichen Angriffen und Diskriminierung zu schützen.

Aber als ob dies nicht schon genug wäre – die Propaganda wurde ausgeweitet auf die wirtschaftliche Entwicklung Chinas, seinen internationalen Handel, die Shanghaier Organisation für Zusammenarbeit, die «Neue Seidenstraße», seine Entwicklungsbank und andere Einrichtungen und Handelsinitiativen – unter dem Vorwand, China wolle mit ihnen die Welt kontrollieren. Und diese Anschuldigung wird ausgerechnet von der Nation erhoben, die jedem – Freund oder Feind –, der sich ihrem Weltherrschaftsanspruch widersetzt, ein Wirtschaftsembargo oder schlimmer noch: die nukleare Auslöschung androht.

Die vierte Phase besteht in dem Versuch der USA, die chinesische Wirtschaft mit «Strafzöllen» zu schädigen, bei denen es sich im Wesentlichen um ein Embargo gegen chinesische Waren handelt. Dass diese Maßnahmen nicht auf bessere Handelsabkommen abzielen, sondern darauf, China in die Knie zu zwingen, zeigt sich allein schon daran, dass die negativen Auswirkungen dieser Zölle auf die amerikanischen Verbraucher, Landwirte und Produzenten als zweitrangig gegenüber dem Hauptziel angesehen werden.

Im vergangenen Jahr startete dann die fünfte Phase, mit der Entführung und illegalen Inhaftierung von Meng Wanzhou, Chief Financial Officer von Chinas führendem Technologieunternehmen Huawei, begleitet von einer massiven Kampagne der USA, ihre Marionettenstaaten zu zwingen, alle Geschäfte mit diesem Unternehmen einzustellen. Meng Wanzhou wird immer noch auf Wunsch der USA in Kanada festgehalten. Chinesen wurden in den USA, Australien und Kanada schikaniert.

Die jüngste Phase dieser hybriden Kriegsführung ist der Aufstand, der von den USA, Großbritannien, Kanada und anderen in Hongkong provoziert wird. Dabei werden Taktiken angewandt, die China dazu bringen sollen, die Randalierer mit Gewalt zu unterdrücken, um dann die antichinesische Propaganda verstärken zu können. Oder die «Demonstranten» könnten provoziert werden, Hongkong für unabhängig zu erklären, was dann für die westlichen Länder wiederum ein Vorwand wäre, sie mit Gewalt zu unterstützen.

Mitch McConnell, ein einflussreicher US-Senator, drohte in einer Erklärung vom 12. August implizit mit einem solchen Szenario und warnte China, die Proteste nicht zu unterdrücken. Falls doch, hätte dies Ärger zur Folge. Mit anderen Worten: Die USA kündigen also an, die Schläger in schwarzen Hemden – den Hemden von Faschisten – schützen zu wollen. Diese neue Phase ist, wie die chinesische Regierung mehrfach betont hat, sehr gefährlich. Ihr muss mit der ganzen Intelligenz und Stärke des chinesischen Volkes begegnet werden.

Es gibt inzwischen zahlreiche Hinweise darauf, dass Großbritannien und die USA die schwarze Hand hinter den Ereignissen in

Hongkong sind. Als sich die Anwaltskammer von Hongkong den Protesten anschloss, behauptete der Westen, dass sogar die Anwälte die Proteste unterstützten, um den Menschen Gerechtigkeit zu bringen. Aber die Führer dieser Vereinigung sind alle entweder britische Anwälte oder Mitglieder von Anwaltskanzleien mit Sitz in London. Etwa Jimmy Chan, Leiter der so genannten Human Civil Rights Front, die 2002 mit dem Ziel gegründet wurde, Honkkong von China fernzuhalten. Ebenso Kevin Lam, Partner einer anderen Londoner Anwaltskanzlei, sowie Steve Kwok und Alvin Yeung, Mitglieder der Anti-China Civic Party.

Kwok forderte während einiger Besuche im Westen, die u. a. vom Nationalen Sicherheitsrat der USA finanziert worden waren, die Unabhängigkeit Hongkongs. Er forderte die USA auf, sich auf ihren Hongkong Policy Act zu berufen. In diesem wird der US-Präsident beauftragt, eine Anordnung mit dem Inhalt zu erlassen, dass Hongkongs nicht mehr als eigenständiges Territorium in Handelsfragen behandelt werden solle. Dies würde zu einer Beeinträchtigung des gesamten chinesischen Handels führen, da ein Großteil der Einnahmen über Hongkong fließt. Der Präsident kann sich auf das Gesetz berufen, wenn er befindet, dass Hongkong «nicht ausreichend autonom ist, um zu rechtfertigen, dass es getrennt von China behandelt wird».

In Verbindung mit Kwoks Forderung nach der Anwendung dieses Gesetzes hat US-Senator Ted Cruz ein Gesetz mit dem Titel Hongkong Revaluation Act eingereicht. Dieses würde den Präsidenten verpflichten, darüber zu berichten, «wie China Hongkong ausbeutet, um die Gesetze der Vereinigten Staaten zu umgehen».

Wie es scheint, zeigt die antichinesische Propagandakampagne nicht die erhoffte Wirkung. Die New York Times schrieb am 13. August: «China führt einen Desinformationskrieg gegen die Demonstranten». Die US-Geheimdienste in Verlegenheit gebracht, indem US-Konsularbeamte auf frischer Tat bei einem Treffen mit Protestführern in einem Hotel in Hongkong erwischt wurden. Dies, die unverfrorenen Unterstützungserklärungen für die Demonstranten aus den USA, Kanada und Großbritannien und die Versuche, Hongkong als unabhängigen Staat zu behandeln, brachte die Geheimdienste unter

Zugzwang. Sie sahen sich nun veranlasst, was immer China sagt, zur «Desinformation» zu erklären.

Die Ziele der USA und Großbritanniens werden in folgendem Statement aus dem erwähnten Artikel der New York Times deutlich: «Hongkong, das 1997 aus britischer wieder in chinesische Verwaltung zurückgegeben wurde, bleibt außerhalb der Firewall Chinas. Es markiert damit, was den Internet-Zugang betrifft, eine sehr wichtige digitale Spaltung zwischen der westlichen und der chinesischen Einflusssphäre. Das Bestreben der Stadt, frei und ohne die Kontrolle des Festlands zu leben, ist zu einer der Ursachen geworden, die jetzt die Proteste antreiben.»

Diese Aussage steht im Widerspruch zu der Grundsatz-Vereinbarung, die Großbritannien und China getroffen hatten, als das Vereinigte Königreich schließlich zustimmte, Hongkong zu verlassen. Verkündet am 4. April 1990, aber in Kraft gesetzt am 1. Juli 1997, dem Tag der Übergabe an China, erklärt sie in der Präambel:

«Hongkong gehört seit dem Altertum zum Gebiet Chinas; es wurde nach dem Opiumkrieg 1840 von Großbritannien besetzt. Am 19. Dezember 1984 unterzeichneten die chinesische und die britische Regierung die Gemeinsame Erklärung zur Hongkong-Frage. Darin bekräftigten sie, dass die Regierung der Volksrepublik China mit Wirkung vom 1. Juli 1997 die Ausübung der Souveränität über Hongkong wieder aufnehmen und damit den lang gehegten gemeinsamen Wunsch des chinesischen Volkes nach Rückgewinnung Hongkongs erfüllen wird.

Unter Wahrung der nationalen Einheit und territorialen Integrität, unter Aufrechterhaltung des Wohlstands und der Stabilität Hongkongs und unter Berücksichtigung seiner Geschichte und tatsächlichen Gegebenheiten hat die Volksrepublik China beschlossen, dass mit der Wiederaufnahme der Ausübung der Souveränität über Hongkong durch China eine Sonderverwaltungsregion Hongkong gemäß den Bestimmungen von Artikel 31 der Verfassung der Volksrepublik China eingerichtet wird und dass

nach dem Grundsatz ‹ein Land, zwei Systeme› das sozialistische System und die sozialistische Politik in Hongkong nicht praktiziert werden. Die grundlegende Politik der Volksrepublik China gegenüber Hongkong wurde von der chinesischen Regierung in der chinesisch-britischen Gemeinsamen Erklärung festgelegt.»

Hongkong ist ein Teil Chinas. Das ist die Kernaussage der Vereinbarung zwischen Großbritannien und China. Es ist eine Verwaltungsregion Chinas. Es ist kein unabhängiger Staat und war es auch nicht, bevor Großbritannien ihn mit Gewalt besetzt hat.

Die Vorwände für die Unruhen sind unbegründet. Das gilt sowohl für das vorgeschlagene Auslieferungsgesetz zwischen dem Festland und Hongkong, das denen ähnelt, die zwischen Provinzen in Kanada und Einzelstaaten in den USA bestehen. Das gilt auch für die Behauptung, Chinas Beharren auf seiner Souveränität über das Territorium setze die begrenzte Autonomie Hongkongs außer Kraft und bedrohe dessen Autonomie.

Man könnte unter Berufung auf solche Scheinargumente Kanada leicht in seine Einzelteile zerlegen. Man könnte die USA oder sogar Großbritannien zersplittern, zumal London derzeit erleben muss, dass seine Herrschaft über Irland, Wales und Schottland von nationalistischen Gruppen in Frage gestellt wird. Und wir wissen sehr wohl, dass gewalttätige Proteste zu einer raschen Unterdrückung solcher Kräfte führen würden, wenn sich die Zentralregierungen bedroht fühlte – besonders wenn sich die Demonstranten benähmen wie derzeit die Schwarzhemden in Hongkong. Wir haben gesehen, was in Spanien geschah, als die Katalanen versuchten, sich von Spanien zu trennen. Die Führer der Bewegung befinden sich jetzt im Exil. Wir haben gesehen, wozu die USA fähig ist, als Studenten an der Kent State University friedlich demonstrierten und die Nationalgarde das Feuer auf sie eröffnete. Diese Vorgänge sind nicht vergessen. Wir wissen auch, wie die Briten auf erneute Versuche reagieren würden, ein vereintes Irland zu schaffen.

China sieht sich Angriffen an mehreren Fronten gleichzeitig ausgesetzt. Es wird die ganze Weisheit, Ausdauer und Kraft des chinesischen Volkes brauchen, um seine Revolution zu verteidigen und sich ein für alle Mal von der kolonialen und imperialistischen Herrschaft zu befreien. Diejenigen, die bei den Protesten in Hongkong britische und amerikanische Flaggen tragen, zeigen, wer sie sind. Sie sind nicht die Zukunft Chinas. Sie sind die lebendige Verkörperung einer toten Geschichte und toter Ideen, Zombies der Vergangenheit.

*

Christopher Black ist ein international tätiger Strafverteidiger mit Sitz in Toronto. Er ist bekannt für eine Reihe von hochkarätigen Fällen im Zusammenhang mit Kriegsverbrechen und veröffentlichte kürzlich seinen Roman «Unter den Wolken». Er schreibt Aufsätze über Völkerrecht, Politik und Weltgeschehen, insbesondere für das Online-Magazin «New Eastern Outlook».
Quelle: Christopher Black: China and the Zombies of the Past, 14. Aug. 2019. 14.8.19, New Eastern Outlook.
journal-neo.org/2019/08/14/china-and-the-zombies-of-the-past/
christopher-black.com

Politische Masturbation
vs revolutionärer Aktivismus

Von Caitlin Johnstone

Wir sprechen viel darüber, wie man die wahren Absichten eines bestimmten Politikers, Plutokraten oder Beamten erkennen kann, indem man seine Worte ignoriert und sein Verhalten beobachtet. Aber dieses Prinzip kann auf alle gleichermaßen angewendet werden. Schauen wir uns einmal die revolutionär orientierten Kreise an, Menschen die regimekritische Ideen haben. Wenn man ihre Worte ignoriert und stattdessen ihr Verhalten beobachtet, gewinnt man den Eindruck, dass die meisten von ihnen tatsächlich eher an Drama, Konflikt, sozialem Aufstieg, Auszeichnungen und Beliebtheit in den sozialen Medien interessiert sind.

Sie wollen Zustimmung von ihrem Stamm und Dominanz – dasselbe also, was auch unsere Vorfahren in der Menschheitsgeschichte anstrebten. Es ist derselbe primitive, fest verankerte Impuls. Die Mehrheit der Menschen, die sich der Verbesserung des gesellschaftlichen Zustands verschrieben haben, wird vor allem durch diesen Impuls motiviert – nicht anders als in jeder beliebigen Clique. Offensichtlich ist aber das Kitzeln des eigenen Egos nicht der eigentliche Zweck von politischer Aktivität.

Wieder andere verbringen ihre Zeit damit, darüber nachzudenken, welche Ideen die korrektesten sind und wer in ihrem Kreis die reinste Ideologie zum Ausdruck bringt. Sie verbringen oft Zeit damit, trockene Essays zu schreiben, die kaum jemand liest und in denen sie andere trockene Essays zu widerlegen versuchen, die ebenfalls niemand liest – Aufsätze über undurchsichtige Detailfragen der politischen Ideologie. Politische Dissidenten mit dieser Tätigkeit finden sich oft in winzigen Echokammern wieder – in der Gesellschaft sehr weniger Menschen, die genau ihre Weltanschauung teilen. Die Mitglieder dieser Kleingruppen trösten und bestätigen einander gegenseitig in dem Bewusstsein, Recht zu haben und sorgen so dafür, dass sie sich nie durch nennenswerte Einflüsse von außen gestört fühlen müssen.

Es kann schon sinnvoll sein, darüber zu streiten, welches die exakte ideologische Position in einer Frage ist; bestenfalls schärfen die Diskutierenden damit aber nur ihr eigenes Schwert, ohne es je zu benutzen. Sie verbessern zwar ihr Potenzial, wirksam Aktivismus zu praktizieren; die ideologischen Konflikte an sich sind jedoch sinnlos. Weder haben sie etwas mit echtem Aktivismus zu tun noch werden sie zu irgendwelchen Ergebnissen führen. Denn die Ideologie ist natürlich nicht der eigentliche Zweck des politischen Aktivismus.

Der Zweck des Aktivismus besteht darin, echte Veränderungen zu bewirken. Dem kann bestimmt jeder zustimmen. Wenn man sich jedoch anschaut, wofür die Menschen in solchen Kreisen Tag für Tag die meiste Kraft ihrer Gedanken verbrauchen, so stösst das Wenigste davon wirklich Veränderung an. Meist kreisen die Diskussionen fruchtlos um sich selbst.

Wenn Sie Ihre Energie in echte Veränderung investieren und wirklich effizient sein wollen, gibt es ein einfaches Ziel: Setzen Sie Ihre ganze Kraft dafür ein, dissidente Ideen in den Mainstream zu bringen!

Wenn Sie wirkliche Veränderungen bewirken wollen, sollte dies Ihr vordringliches Ziel sein. Genau dies ist es nämlich, wogegen das Establishment seine ganze Maschinerie der Meinungs-Manipulation in Stellung bringt. Alles, was die Propagandamaschine tut, zielt darauf ab, Ideen, die gegen das System gerichtet sind, zu marginalisieren. Dies geschieht zum Beispiel, indem alternative Medienkanäle von Google versteckt werden, indem Dissidenten als Antisemiten oder russische Agenten angeschwärzt werden, oder einfach mithilfe der pausenlos ablaufenden gnadenlosen Kampagnen, die den Status quo als sicher und normal und jede Abweichung davon jedoch als abseitig und gefährlich darzustellen versuchen.

Unsere Herrscher sind sich bewusst, dass es zur Aufrechterhaltung des Status nötig ist, die Mainstream-Herde gegen abweichende Ideen zu immunisieren. Wenn dies nicht mehr gelänge, würde vielen Menschen klar werden, wieviel sie allein durch ihre große Anzahl bewirken könnten. Sie könnten die Maschine zu Fall bringen und die Menschheit in eine heilsame Richtung bewegen. Auch wir sollten uns deshalb dieser Dynamik bewusst werden.

Der Status quo wird nicht untergraben, indem wir uns in unseren kleinen Nischen verstecken und unsere Nischen-Ideen mit Gleichgesinnten teilen, egal wie cool und besonders sich das für uns anfühlen mag. Genau dies ist es ja, was sich die Mächtigen wünschen. Solange wir uns nur in kleinen marginalisierten Kreisen bewegen, werden wir uns zwar gut fühlen, weil wir andauernd bestätigt werden, wie richtig wir mit unseren Meinungen liegen. Unsere Nischenfreunde werden uns dafür applaudieren. Währenddessen aber werden die Oligarchen die Gitterstäbe des Orwell'schen Käfigs, den sie um uns herum bauen, weiter verstärken; und die Welt wird weiter in Flammen stehen.

Dies können wir verhindern, wenn wir die Frage «Was kann ich tun, um die Idee X in den Mainstream zu bringen?» zum Dreh- und Angelpunkt unseres Aktivismus machen. So bleiben alle unsere Tätigkeiten – Organisieren, Demonstrieren, Postings in den sozialen Medien, Informationsaustausch – auf die eine Sache konzentriert, die wirklich wichtig in diesem Kampf ist. Wir halten uns dann nicht mehr auf bedeutungslosen Nebenschauplätzen auf. Zugleich stellen wir sicher, unsere Kraft immer wirksam einzusetzen, anstatt sie wirkungslos zu verpuffen.

Viele revolutionär denkende Charaktere haben einen starken egoistischen Widerstand, sich mit dem Mainstream einzulassen. Sie haben sich eine starke Identität in ihrer coolen kleinen Gegenkultur aufgebaut. Und sie reagieren mit starkem Widerstand, wann immer «ihre» Ideen außerhalb ihrer kleinen, dichten Echokammer auftauchen. Dahinter liegt die unbewusste Wahrnehmung, dass sie nicht mehr kantig und alternativ sind, sobald ihre dissidenten Ideen im Mainstream ankommen. Ihr cooles Selbstbild wäre ruiniert.

Das ist natürlich völliger Unsinn. Es würde bedeuten, die Welt lieber weiter brennen zu lassen als eigene, heilsame Ideen mit der breiten Öffentlichkeit zu teilen – aus keinem anderen Grund als einem

egoistischen Bedürfnis nach Behaglichkeit. Genau dies ist aber der Grund für die selbstbezogenen Abwehrmechanismen, die viele Aktivisten entwickelt haben.

Einige Leute machen auch den Fehler mit der Annahme, eine Idee sei schlecht, nur weil sie den Mainstream erreicht hat. Dies kann durchaus ein Zeichen von gesundem Misstrauen sein, besonders wenn man bedenkt, wie straff die Mainstream-Sphäre immer noch kontrolliert wird. Auf der anderen Seite ist es ja gerade ein Zeichen zunehmender Wirksamkeit unserer revolutionären Aktivitäten, wenn immer mehr heilsame Ideen auch im Mainstream auftauchen. Betrachten wir es als gutes Zeichen, dass etwas vorangeht.

Stellen Sie sich auf den Marktplatz und schieben Sie möglichst viele revolutionäre Ideen ins Rampenlicht. Tun Sie es, selbst wenn es bedeutet, dass Leute, gegen die Sie gewöhnlich opponiert haben, anfangen, diese aufzugreifen und zu verwenden. Tun Sie es mit dem Ziel, dass Ihre gesunden Anti-Establishment-Ideen zur Norm in der Gesellschaft werden. Tun Sie es mit dem Ziel, dass Ihre so außergewöhnliche Weltanschauung zunehmend konventionell und langweilig wird. Tun Sie es mit der Absicht, dass Ihr Aktivismus obsolet wird. Sehnen Sie sich danach, dass sich Ihr eigenes cooles, revolutionäres Selbstbild auflöst.

Das Ziel des revolutionären politischen Aktivismus ist es, revolutionäre Ideen so erfolgreich zu verbreiten, dass sie zur neuen Normalität werden. Wenn Sie das nicht tun, glorifizieren Sie nur die Masturbation. Und es gibt viel energieeffizientere Methoden, sich einen runterzuholen.

Caitlin Johnstone ist freie Journalistin in den USA. Ihre Analysen in scharfer, manchmal poetischer Sprache werden von führenden alternativen Medien veröffentlicht. **caitlinjohnstone.com**
Quelle: Caitlin Johnstone: Remember: The Goal Is Always To Make Dissident Ideas Mainstream, 3. Juli 2019, https://caitlinjohnstone.com/2019/07/03/remember-the-goal-is-always-to-make-dissident-ideas-mainstream/

Wie man Russland zerstört
Neue Pläne der Rand Corporation

Von Manlio Dinucci

«Zwinge den Kontrahenten, sich leichtfertig aufzublähen, um ihn aus dem Gleichgewicht zu bringen, und dann vernichte ihn.» Das ist keine Beschreibung eines Judogriffs, sondern ein von der Rand Corporation, dem einflussreichsten Think Tank der USA, ausgearbeiteter Plan zur Bekämpfung Russlands. Mit einem Stab von Tausenden Experten präsentiert sich Rand als die weltweit verlässlichste Quelle für Geheimdienste und politische Analysen für die Führer der Vereinigten Staaten und ihrer Verbündeten.

Die Rand Corporation rühmt sich, zur langfristigen Strategie beigetragen zu haben, mit der die Vereinigten Staaten den Kalten Krieg gewinnen konnten, indem sie die Sowjetunion zwangen, in der strategischen Auseinandersetzung die eigenen wirtschaftlichen Ressourcen aufzubrauchen. Dieses Modell diente als Vorbild für den neuen Plan «Overextending and Unbalancing Russia» (*Russland überfordern und aus dem Gleichgewicht bringen*), den Rand veröffentlicht hat.

Nach Ansicht ihrer Analysten bleibt Russland in bestimmten grundlegenden Bereichen ein starker Gegner der Vereinigten Staaten. Um diese Gegnerschaft in den Griff zu kriegen, müssen die USA und ihre Verbündeten eine gemeinsame langfristige Strategie zur Nutzung der Schwachstellen Russlands verfolgen. Rand analysiert dazu verschiedene Maßnahmen, mit denen Russland aus dem Gleichgewicht gebracht werden kann, und nennt für jede einzelne Möglichkeit die Erfolgschancen, den Nutzen, die Kosten und Risiken für die USA.

Die Rand-Analysten schätzen, dass Russlands größte Schwachstelle in seiner Wirtschaft liegt, da es stark von Öl- und Gasexporten abhängig ist. Die Einnahmen aus diesen Exporten können durch die Verschärfung der Sanktionen und die Steigerung der Energieexporte aus den Vereinigten Staaten verringert werden. Ziel ist es, Europa zu verpflichten, den Import von russischem Erdgas zu drosseln und es durch Flüssigerdgas (*LNG = liquefied natural gas*, Anm. Red.) zu ersetzen, das auf dem Seeweg aus anderen Ländern geliefert wird.

Eine weitere Möglichkeit, die russische Wirtschaft langfristig zu destabilisieren, besteht darin, die Auswanderung von qualifiziertem Personal zu fördern, insbesondere von jungen Russen mit hohem Bildungsniveau. Im Bereich der Ideologie und Information wäre es angebracht, interne Konflikte zu schüren und gleichzeitig das Image Russlands nach außen zu untergraben, indem es von internationalen Foren ausgeschlossen wird und die von ihm organisierten internationalen Sportveranstaltungen boykottiert werden. Im geopolitischen Bereich würde eine Aufrüstung der Ukraine es den USA ermöglichen, den Kernpunkt der außenpolitischen Bedrohung Russlands zu nutzen. Das müsste aber sorgfältig berechnet werden, um Russland unter Druck zu halten, ohne in einen schwerwiegenden Konflikt zu geraten, den Russland gewinnen würde. Im militärischen Bereich könnten die USA große Vorteile bei gleichzeitig niedrigen Kosten und Risiken erzielen, wenn sie die Anzahl der landgestützten Truppen aus den NATO-Ländern, die in einer antirussischen Mission operieren, erhöhen. Die USA können mit großer Wahrscheinlichkeit insbesondere durch Investitionen in strategische Bomber und Langstreckenraketen gegen Russland Erfolg und erheblichen Nutzen verbuchen – bei gleichzeitig mässigen Risiken. Der Austritt aus dem INF-Vertrag und die Stationierung neuer auf Russland gerichteter atomarer Mittelstreckenraketen in Europa hätten große Erfolgsaussichten, würden aber auch hohe Risiken mit sich bringen.

Durch das Justieren jeder einzelnen Möglichkeit zum Erzielen des gewünschten Effektes – so das Fazit der Rand-Analysten – würde Russland am Ende den höchsten Preis in einer Konfrontation bezahlen.

Aber auch die USA müssten gewaltige Ressourcen aufbringen, die dann für andere Zwecke nicht mehr zur Verfügung stünden. Dies ist auch eine Vorwarnung für eine sich abzeichnende beträchtliche Erhöhung der NATO- und US-Militärausgaben zu Lasten der Sozialhaushalte.

Das ist die Zukunft, die die Rand Corporation für uns plant, der einflussreichste Think Tank des «tiefen Staates» – also des unterirdischen Zentrums der realen Macht, das von Wirtschafts-, Finanz- und Militäroligarchien beherrscht wird –, der die strategischen Entscheidungen nicht nur der USA, sondern der gesamten westlichen Welt bestimmt. Die im Plan vorgestellten «Optionen» sind in Wirklichkeit nichts anderes als Varianten ein und derselben Kriegsstrategie, deren Preis an Opfern und Gefahren von uns allen bezahlt wird.

*

Mario Dinucci: Rand Corp: come abbattere la Russia. Il Manifesto, 21.5.2019.
https://ilmanifesto.it/rand-corp-come-abbattere-la-russia/
Die Studie «Overextending and Unbalancing Russia» ist unter folgender Adresse zu finden: https://www.rand.org/pubs/research_briefs/RB10014.html

Warum Veränderung in kleinen Schritten schlimmer ist als gar keine Veränderung

Ich bin der Meinung, eine «inkrementelle Veränderung» ist schlimmer als gar keine Veränderung, weil dieses Vorgehen bewusst jeden Drang nach Veränderung unterbindet und zugleich praktisch keinerlei Veränderung bewirkt. Wenn die etablierten politischen Parteien ehrlich sagen würden, dass sie kein ernsthaftes Interesse daran haben, der plutokratischen Klasse die Macht zu entziehen, die uns alle ausbeutet und in den Untergang treibt, würden die Menschen sofort ihre Unterstützung für sie beenden. Verändert man ständig die Speisekarte, ohne tatsächlich jemals etwas zu servieren, kommen die Menschen immer wieder an den Tisch zurück. Sie wissen, dass sie verhungern, vertrauen aber darauf, dass irgendwann das Essen auftauchen wird.

Doch alles, was die Vertreter des Mainstreams immer wieder auf den Tisch bringen, ist Trägheit. Trägheit ist der einzig wahre Bestandteil des Menüs. Alles, was sie ständig tun: Sie füllen unsere Autos mit Blei und sagen uns, es sei Gold. Sie blasen unser Getriebe mit falschen Versprechungen auf, die die Leute davon abhalten sollen, aufzuwachen und die Oligarchen zu stürzen, die eiligst einen Käfig um sie herum bauen. Während die Menschen aufgefordert werden, ihren Drang nach Veränderung auf das Tempo einer schlafkranken Schnecke zu drosseln, spritzen sich die Oligarchen Methamphetamine, damit sie die ganze Nacht wach bleiben, um die Gitterstäbe unseres Käfigs mit rasender Geschwindigkeit zu verstärken.

Unterdessen nähern wir uns mehr und mehr einem apokalyptischen Szenario mit einem sich rapide verschlechternden Ökosystem und mit wachsenden Spannungen zwischen den Atommächten. In einer Zeit, in der wir alle an Fahrt zulegen sollten, fordern die gewählten Führer, die der Macht am nächsten stehen, uns auf, das Tempo zu drosseln. Sie saugen die gesamte Energie aus unseren Motoren und ersetzen sie durch lähmende Trägheit. Sie versprechen uns die Welt und liefern uns ein Armageddon. Wir müssen aufhören, ihnen ihre Lügen abzukaufen.

Caitlin Johnstone

VORTRAG

In Krisen
Kraft schöpfen
Wie mein Gottvertrauen immer stärker wurde

Wiederholt stand der Vortragende vor unlösbar scheinenden Lebenskrisen. Dem Schicksal vermeintlich ausgeliefert, fand er Wege, Krisen zu bewältigen und das Leben zum Besseren zu verändern. Seinen Schlüssel hierzu entdeckte er in einem Werk mit dem Titel „Im Lichte der Wahrheit – Gralsbotschaft" von Abd-ru-shin, welches elementare Gesetzmäßig-keiten lebensnah beschreibt. Das Anliegen des Vortragenden ist es, das „Buch seines Lebens" bekanntzumachen. Der Vortrag endet mit einer Lesung daraus.

Herrenkeller
Pfistergasse 24/26 | 6003 Luzern

Di. 15. Oktober 2019 | 19.30 Uhr

Universität Bern
Hochschulstraße 4 | 3012 Bern

Mi. 16. Oktober 2019 | 19.30 Uhr

Kostenbeitrag 10.– SFR
ermässigt 7.– SFR

STIFTUNG GRALSBOTSCHAFT

Stuttgart · www.gralsbotschaft.org/veranstaltungen

Konstantin Wecker: Rebell auf Lebenszeit

Foto: zvg

Wenn in Deutschland ein Vorzeige-idealist gebraucht wird, fragt man Konstantin Wecker. Der heute 72-jährige Sänger und Komponist macht in Talkshows und bei Demonstrationen eine gute Figur. Es gibt Bücher von ihm und ein Webmagazin, in dem man seine Essays zum Zeitgeschehen finden kann: www.hinter-den-schlagzeilen.de (Untertitel: «für Kultur und Rebellion»). Wecker füllt noch immer die Konzertsäle, in denen er mit scheinbar ungebremster Intensität agitiert. Mit dieser Mischung aus künstlerischer Tiefe, radikalem Humanismus und Promi-Faktor steht Konstantin Wecker in Deutschland mittlerweile fast allein da. Wie schaffte er es, sich über mehr als vier Jahrzehnte so treu zu bleiben? Indem er sich immer wieder neu erfand.

Entgegen dem Klischee war Konstantin Wecker nicht immer ein so eminent politischer Künstler gewesen. Mitte der 70er-Jahre war er ein ziemlich haltloser junger Mann, der in kleinen Kneipen morbid anmutende Couplets vortrug. Dann passierte ihm der «Willy», sein bis heute größter Hit, ein Lied-Melodram über einen von Nazis erschlagenen Freund. Er wurde berühmt, aber man wollte ihn auf die Rolle eines Sprachrohrs der linken 68er-Ideologie festlegen. Wecker aber möchte keinem Bild von sich entsprechen müssen – nicht einmal einem, das er selbst mit erschaffen hat.

Die 68er wollten die Welt verändern, sagt er. Nun hat sie sich verändert, aber gar nicht in die gewünschte Richtung. War das ganze Singen und Schwitzen für die Freiheit, gegen Rassismus und Krieg deshalb umsonst? Nein, sagt Wecker, ohne Leute wie ihn, die Träumer und Spinner, sähe es noch düsterer aus im Land.

Roland Rottenfußer

Franziska Herren: die Trinkwasserrebellin

Es begann 2011, mit einer Kuh. Sie stand auf der Weide und rief nach ihrem Kalb, das man ihr weggenommen hatte, damit sie mehr Milch gab. Franziska Herren war Zeugin der Tragödie und begann zu recherchieren, wie unsere Lebensmittel produziert werden. Sie stiess auf die Themen Gewässerverschmutzung und Landwirtschaft und lancierte die Trinkwasserinitiative, die 2020 an die Urne kommt. Rebellisch war Franziska Herren aber schon früher.

Sie ist in Münsingen aufgewachsen, wo es ein Kinderheim gab. Ein Bub aus ihrer Klasse kam aus diesem Heim und wurde vom Lehrer schikaniert. Franziska Herren stand als einzige auf und las dem Lehrer die Leviten, denn Ungerechtigkeit konnte sie schon damals nicht ertragen. Der Gerechtigkeitssinn liegt ihr im Blut: «Meine Mutter war eine Rebellin. Sie hat sich stark gemacht für jeden Hasen, der im Stall nicht gerecht behandelt wurde.»

Mit der Trinkwasserinitiative legt sich Franziska Herren mit dem System an. Man hat es ihr ausreden wollen. Doch für sie ist klar: «Zu wissen, was das Richtige ist, und es nicht zu tun – das wäre für mich ein grosser persönlicher Verlust. Wenn ich die Möglichkeiten, die ich geboten bekomme, nicht nutze, werde ich nie erfahren, was möglich gewesen wäre.»

Wer sich mit dem System anlegt, muss aufstehen und sich exponieren. Fällt ihr das leicht? «Es braucht unglaublich viel Mut. Aber ich kann einfach nichts aufs Maul hocken, wenn ich etwas sehe, von dem ich finde, dass die Leute es wissen sollten. Das ist bei mir so angelegt, und ich tue es auch stellvertretend für die Menschen, die das nicht können.»

Auch Rebellen sind nicht frei von Ängsten und Zweifeln; das weiss die 52-Jährige aus eigener Erfahrung. Aber schlimmer wäre es für sie, nichts zu tun, sich nicht zu wehren gegen Missstände und Ungerechtigkeit. Auch sie kommt manchmal an ihre Grenzen, doch das Gute überwiegt: «Es ist extrem schön zu sehen, was da in Bewegung kommt.

Was man bewirken kann, und wie viel Hilfe einem zukommt, von allen Seiten.»

Der Ausgang der Trinkwasserinitiative ist offen. Ist die Rebellin gewappnet für alle Eventualitäten? «Meine Haltung ist: offen bleiben. Annehmen, was ist. Wir stehen alle in der Verantwortung – und ich will informieren.»   *Claudia Fahlbusch*

www.initiative-sauberes-trinkwasser.ch

Sacred Activism: Das Heilige verteidigen

Spiritualität wird von politischen Aktivisten oft als Welt-Fluchthilfe diffamiert. Gleichsam als Verrat an der Erde mit Blick auf einen imaginären Himmel. Immer wieder aber haben sich Menschen aus spirituellen Motiven in die Politik eingemischt – etwa Gandhi, Dietrich Bonhoeffer oder Thich Nhat Hanh. Die schnellste Brücke zwischen den Welten ist derzeit wohl die Ökologie. An ihr lässt sich am besten die wechselseitige Abhängigkeit allen Lebens demonstrieren.

Der Slogan «Defend the Sacred» wurde erstmals 2016 durch die friedlichen Proteste der Indigenen gegen eine Öl-Pipeline in Nord-Dakota bekannt. Seither nennen immer mehr politische Aktivisten für ihr Tun auch spirituelle und tiefenökologische Gründe. Am Strand von Odeceixe (Portugal) formten

Aktivisten mit ihren Körpern einen riesigen Delfin. Und die Sätze: «Nein zur Bohrung, ja zur Zukunft. Das Heilige verteidigen.» Die Aktion erfolgte aus Protest dagegen, dass die portugiesische Regierung dieses Natur-Kleinod an internationale Ölfirmen verkauft hatte.

Bei Occupy Wallstreet, 2011 in San Francisco, breiteten Demonstranten vor hochgerüsteten Polizisten plötzlich ihre Teppiche aus und gingen in Meditationshaltung. «Accept existence – expect resistance» plakatierten Baumbesetzer im Hambacher Forst. «Es geht eigentlich um das Leben an sich!», sagt Andrea Schaupp vom BUND Naturschutz. Sacred Activism – das heißt: Schützen, was einem heilig ist vor denen, denen nichts heilig ist als ihr Profit.

Roland Rottenfußer

Robert Parry:
Pionier des Internet-Journalismus

In den USA ist der alternative Web-Journalismus einiges älter, reifer und wohl deshalb auch besser als im deutschsprachigen Raum. Vielleicht liegt dies auch an John Parry, der 1995 mit consortiumnews das erste investigative Nachrichtenmagazin des Internet-Zeitalters gründete. Parry (1949 bis 2018) ist das Musterbeispiel eines Journalisten, wie wir sie uns wünschen, nicht nur in den etwas brotlosen Winkeln des Internet, sondern in jeder Redaktionsstube – oder neudeutsch «Newsroom» – der Welt.

Parry wurde in den 1980er Jahren durch die Aufdeckung des Iran-Contra-Skandals berühmt. Er war es, der als Reporter für Associated Press (AP) 1984 herausfand, dass die CIA die Contras in Nicaragua mit einem Handbuch zur Ermordung ziviler Opfern versorgte. 1985 deckte er zusammen mit seinem Kollegen Brian Barger die Drogengeschäfte der CIA mit den Contras auf. Aufgrund ihrer Recherchen, die AP nur unter Druck veröffentlichte, eröffnete der Kongress eine Untersuchung, und Oliver North, der Verantwortliche, wurde angeklagt. Als Parry erfuhr, dass sein damaliger Chef bei AP mit Oliver North verbandelt war, verließ er die Nachrichtenagentur und ging zum Magazin Newsweek. Aber auch dort schuf er sich mit seinen genauen und kompromisslosen

Foto: consortiumnews

Recherchen keine Freunde, sodass er 1995 das «Consortium for Independent Journalism Inc.» gründete, die stilbildende erste investitive Website der Welt

Wer heute denkt, die Welt sei besser geworden, dann liegt das nicht daran, dass die Politik sauberer geworden ist, sondern dass keine Parrys mehr in den Redaktionen des Mainstreams arbeiten, sondern Menschen, die zwar gut schreiben und reden können, aber kein Rückgrat haben. Die Salär und Karriere zuliebe nicht nur einen Teil von sich selber aufgeben, sondern auch etwas, das für uns alle wichtig ist: Wahrheit.

Christoph Pfluger

PS: Nicht nur alternative Kanäle besuchen, sondern sie auch unterstützen!

Alec Gagneux und das Sommer WEFF

Foto: Claudia Fahlbusch

Er kennt sie alle und hat schon mit ihnen gesprochen: die Brabecks, Ackermanns und Lagardes dieser Welt. Als Solarpionier und Wachstumskritiker ist der Elektroingenieur Alec Gagneux seit 30 Jahren auf der ganzen Welt unterwegs, vor allem in der Dritten Welt, aber auch in Davos. Dort, auf der globalen Teppichetage macht Alec Gagneux den Herren dieser Welt klar, dass es anders gehen muss. Auch am Open Forum des WEF ergreift er immer wieder das Wort. Sein Engagement zeigen Dutzende von Solaranlagen in aller Welt. Nur in Davos blieb ihm der Erfolg bis vor kurzem verwehrt.

Dann aber beschloss er in diesem Frühjahr, ein «Sommer WEFF» für die Kräfte des Aufbruchs zu organisieren. WEFF steht für geistiges Wachstum, eine gesunde Erde, für Frieden und für Freiheit. Er engagierte zugkräftige Referenten, Ernst Wolff (auch bekannt als «Wolff of Wallstreet» bei KenFM) oder Prof.

Christian Kreiss, der die geplante Obsoleszenz in Europa zum Begriff gemacht hat. Andreas Thiel zeigte auf humorvolle Art, wie der praktizierte Kapitalismus unglücklich macht und Oswald Sigg weibelte für die Transaktionssteuer-Initiative, die im November an den Start geht.

Obwohl Alec Gagneux (mit einem Budget auf der Basis von freien Beiträgen!) kaum Werbung machte, kamen über 200 Menschen nach Davos und erlebten ein dichtes Wochenende. Eine erhebliche Unterstützung war Thomas Künzli, der die große Montagehalle seines Holzbaubetriebs in eine Kongresshalle umfunktionierte (wo auch Banken tagen) und kostenlos zur Verfügung stellte. Ein gelungener Anlass, der gemäß Alec Gagneux so lange durchgeführt werden soll, bis er nicht mehr nötig ist.

Christoph Pfluger

Der nächste Termin:
22./23. 8. 2020. www.weff.ch

UMWÄLZUNG KANN MAN NICHT BESTELLEN, ABER DIE ANREGUNGEN DAZU

☐ Ex. **Christoph Pfluger: Die Strategie der friedlichen Umwälzung –** eine Antwort auf die Machtfrage. 2019. 124 S, CHF 12.–/€ 11.– 5 Ex.: 20 Prozent Rabatt, ab 10 Ex.: 30 Prozent Rabatt.

☐ Ex. **Anton Brüschweiler: Das AntWort –** die Wahrheit des Absurden. Für Nonkonformisten mit Sinn für starken Humor: 2018. 108 S, geb. CHF 19.–/€ 18.–

☐ Ex. **Leila Dregger: Frau-Sein allein genügt nicht –** mein Weg als Aktivistin für Frieden und Liebe. 180 S. CHF 19.–/€ 17.–.

☐ Ex. **Christoph Pfluger: Das nächste Geld –** die zehn Fallgruben des Geldsystems und wie wir sie überwinden. 3. Aufl., 2016. 256 S. CHF 25.–/€ 23.–.

☐ Ex. **Cornelia Hesse-Honegger: Die Macht der schwachen Strahlung** – was uns die Atomindustrie verschweigt. 2016. 232 S., geb., mit 20 ganzseitigen farbigen Abb. CHF 29.–/€ 26.–.

☐ Ex. **Erwin Jakob Schatzmann: «unverblümt – aphoristische Denkprosa»** 2015, 148 S., mit 13 farb. Abb. Geb. CHF 18.–/€ 16.–.

☐ Ex. **Harald Schumann und Ute Scheub: Die Troika – Macht ohne Kontrolle.** Eine griechische Tragödie und eine europäische Groteske in fünf Akten. 2015. 104 S., geb. CHF 15.–/€ 14.–

Alle Titel: edition Zeitpunkt   (exkl. Versandkosten)

Name ....

Adresse ....

PLZ/Ort ....

E-Mail ....

Abtrennen und einsenden an:
Zeitpunkt, Werkhofstr. 19, CH-4500 Solothurn (abo@zeitpunkt.ch)